论语译读

董时 著

齊鲁書社

图书在版编目（CIP）数据

论语译读 / 董时著. -- 济南:齐鲁书社, 2021. 4
ISBN 978-7-5333-4446-7

Ⅰ. ①论… Ⅱ. ①董… Ⅲ. ①儒家②《论语》—研究
Ⅳ. ①B222.25

中国版本图书馆CIP数据核字(2021)第067542号

责任编辑 / 刘海军
装帧设计 / 李　生　亓旭欣

论语译读
LUNYU YIDU
董时 著

主管单位　山东出版传媒股份有限公司
出版发行　齊魯書社
社　　址　济南市英雄山路189号
邮　　编　250002
网　　址　www.qlss.com.cn
电子邮箱　qilupress@126.com
营销中心　(0531) 82098521　82098519　82098517
印　　刷　山东新华印务有限公司
开　　本　720mm × 1020mm　1/16
印　　张　17.25
插　　页　6
字　　数　238千
版　　次　2021年4月第1版
印　　次　2021年4月第1次印刷
标准书号　ISBN 978-7-5333-4446-7
定　　价　59.00元

引 言

民族元意识于民族初期形成并贯彻始终，它具有强大凝聚力和派生力，是决定民族性格和命运的精神中心。张载所言“为天地立心，为生民立命（“命”原作“道”），为往圣继绝学，为万世开太平”，即为对儒学亦即中华民族元意识特征和功能的描述。“为天地立心”指确立宇宙观、世界观；“为生民立命”指确立人生观、价值观；“往圣”为创立民族元意识之领袖和思想家，“绝学”言其学术性唯一而不可或缺之珍贵；“万世”言其与民族同在，并为民族保持生机之永久动力。

儒学之所以成为中华民族的元意识，是因为其宇宙观、世界观“唯天为大”“则天”，是以大自然为“极者”（王弼语）、“无对”（朱熹语）的终极决定力量，进而“天人合一”；它“祖述尧舜，宪章文武”（《中庸》），“述史”而“古今一脉”；提倡“爱人”，具“天下”即人类视野，而“四海一家”。其此岸性“一个世界”（《论语今读》）的世界观特征鲜明，影响深远，有别于他民族元意识之宗教形式。如儒学没有宗教自我保护功能，又提倡“内自讼”而可自由批判；如儒学没有专门的研究、教育传承体系，而需国家和人民自觉践行。民族世界观的唯一性决定了其不被其他任何世界观代替，如秦之“以法为教”“以吏为师”的政教合一体制。

儒学即仁学，“是人格学”（李炳南语）。儒学的人生观以仁（“仁”

释人格,如范文澜、冯友兰)为人生最高追求,并力求达于“仁、知、勇”之健全、完整。儒学视“己欲立而立人,己欲达而达人”的共同发展为“仁之方”,即建立人格之最佳方法。人格以独立、平等为标志,是“四海之内皆兄弟”“有教无类”“人皆可以为尧舜”(《孟子》)和“王侯将相宁有种乎”的共同前提,亦民本、民主思想基础,进而成为民族创造发展动力。儒学在提出“因损益”历史发展线外,又提出“兴于诗,立于礼,成于乐”,发展出以人格为中心的人性文明上升线,以支持社会历史的正向发展和人的精神追求。“君子”的一系列人格规范,即文明上升线的具体要求,同时成为评价历史发展的指示线,合则进,不合则退,没有例外。“德,升也。”(《说文解字》)人性上升由许慎提出,令人赞叹!而孟子云“人之所以异于禽兽者几希”,这就是朝代走向堕落,残暴杀戮不断,每个历史环节都有下降可能的原因。此或为《论语》最为重要的启示。儒学的人格学解读为其自身层次的展开形式,经神学、哲学、政治学、伦理学而人格学,亦为现代生产方式、虚拟经济和组织细密化而人格萎缩、异化之现实呼唤。

儒学的崇高性、丰富性寓于平易性之中,此亦中华民族之民族性格与文化艺术特征。

民族元意识有“道、学、术”三个层次。核心层稳定,为灵魂,如仁道原则;中层有变,为软体,如思想、学术、文化,包括儒学自身;表层大变,为硬体,如科技、制度,秦亡而其政治制度保存即为明证。核心层中的“道”制约中表层演变,并成为历史发展线和人性文明上升线的动力之源。

儒学的传承主体在社会,在底层,在家庭。五伦中三伦在家庭,无论现实世界如何变幻,家庭依然能够维护传统价值观。作为元意识,儒学是民族的,民族复兴就是其文化精神、元意识的复兴;作为人格学,儒学面向一切人,为人类生存发展、和谐相处提供指南。在儒学看来,民族间只是存在着文化差异,其他并无二致,所以儒学才有天下即人类的视野与胸怀。

目 录

学而第一

[原文]

1.1 子曰："学而时习之，不亦说乎？有朋自远方来，不亦乐乎？人不知而不愠（yùn），不亦君子乎？"

[译]

孔子说："学习并且按时温习实践它，难道不是愉快的吗？有志同道合的朋友从远方来，难道不是快乐的吗？别人不了解，自己却不怨恨，不也是有道德修养有境界的人吗？"

[读]

此章言"劝人为君子也"（《论语集解》），揭示人生三大问题，并指出此即人生快乐之源，堪称人格学指南：学习、交流、做坚守文明主流价值观的人，是为"君子"。"学"为开篇第一要义。学，觉悟也（《说文解字》），即学做人的自觉，如学"四教"（7.24）、"圣与仁"（7.33）；与弟子朋友研讨交流为"觉人"，既为民族元意识之做人的要求，亦其传承所需。"远方"表明影响力。如此践行，已具"君子"之质，进而"人不知而不愠"。"人"亦可含国家、社会，而"愠"即违背文明主流价值观之始，此处强调做有道德有修养有眼界的人。"君子"则由"有位者"上升到精神境界的"有德者"，含品德、心理品质、眼界，而渐代之，成为坚守人类文明主流价值观的中坚。三个"不亦"，强调由"食色性也"（《孟子·告子上》），即由生物、生理第一性需要，上升至精神、社会第二性需要。三种"乐"和"不愠"，从内而外，充满力量与阳光,成为民族乐观性格基调。所以"乐"是自觉做人的满足,是民族元意识即民族精神家园归属感的满足。这是此岸性世界观决定的民族性格特征与追求,我们只有靠自己,靠现实社会人群共同快乐地学习进取而共同提高,才能共同维护文明主流价值观,避免社会分裂。

[原文]

1.2 有子曰:"其为人也孝弟(tì),而好犯上者,鲜(xiǎn)矣;不好犯上而好作乱者,未之有也。君子务本,本立而道生。孝弟也者,其为仁之本与!"

[译]

有子说:"为人孝敬父母,尊重兄长,却喜欢冒犯上司的,很少有;不喜欢冒犯上司,却喜欢造反作乱的,从来没有过。有道德修养的人致力于根本,根本立起来,做人之道自然生发出来。孝敬父母,尊重兄长,该是做人的根本吧!"

[读]

孝,"德之本也"(《孝经》),是人高出动物的原因。道,本义为路,意为方法,儒学将之定义为:"天命之谓性,率性之谓道。"(《中庸》)生而为人,按人的天性、本性做人,就是道。五伦中三伦为家庭关系,在最深切的亲情中培育做人根基,并渐推及人、物,集中体现儒学理念。仁为儒学核心概念。仁通人,"仁也者,人也"(《孟子》),"仁者,人也"(《中庸》)。仁含人性、人格。人性为类的自觉,以高出动物为特征;人格为个体的自觉,以个性尊严为特征。类的品质高度由个体体现,个体为类的发展动力,"平均数"(鲁迅语)即退化与愚昧。人格有层次。高层次为完全人格(18.1,14.16);次为"仁者爱人"(12.22),"知、仁、勇"(9.29、14.28)是人格三大要素之重心;再次为人格具体规范要求，如“立人”“达人”(6.30)，“己所不欲，勿施于人”(12.2,15.24)，“忠恕”(4.15)等。人格具有巨大影响力和感召力，可以“修己以安人”(14.42)，可以超越时空，如“殷有三仁”(18.1)，“伯夷、叔齐饿于首阳之下，民到于今称之”(16.12)。仁，本义“从人从二，亲也”(《说文解字》)，借指果核内之“仁”，含“萌生，生生不已之理”，否则即“麻木不仁”。孔子以生机视人格，加深了其“爱人”的敏感度和感知力。

[原文]　1.3 子曰：“巧言令色，鲜矣仁。”

[译]　孔子说：“花言巧语，满脸讨人喜欢，这种人很少有人格。”

[读]　言语仪容关乎人格，为内在修养、素质之外现。“贫而乐”(1.15)、“无谄”为人格底线，“巧言令色”即“谄”。人格以独立、平等、尊严为前提，花言巧语讨好人即有失体面、尊严，故少有人格。或以有若、曾参称“子”而推《论语》为其弟子所编，而以本章间二人语示二师平等，实各章内容关联，应予重视。本章“仁”之人格义最鲜明，作为核心概念，“仁”已在前章出现，或为提示“仁”之人格义而及早编于此。

[原文]　1.4 曾子曰：“吾日三省吾身：为人谋而不忠乎？与朋友交而不信乎？传不习乎？”

[译]　曾子说：“我每天从三方面反省自己：为别人谋划事情，

有不尽心的吗？跟朋友交往，有失信用的吗？老师传授的知识，有没复习实践的吗？”

[读]

省，“视也”（《说文解字》），“察也”（《尔雅》）。面对内心的自问、反省，而不是神灵前的忏悔，是此岸性世界观规定的人格修养必要条件，是做人自觉性的尺度，是个人和民族素质的保证。日“省”，为自省制度，当为学生们修行日课，“忠、信、习”为内省内容。忠、信为“四教”（7.25）之二，是做人基本要求。三，“以数记言”，便于记诵，如“三戒”“九思”（16.7，16.10）等。

[原文]

1.5 子曰：“道千乘（shèng）之国，敬事而信，节用而爱人，使民以时。”

[译]

孔子说：“领导拥有一千辆战车的国家，要恭敬慎重地处理政事，严守诚信，节约财用，爱护人民，在农闲时节役使百姓。”

[读]

本章言从政的人格要求。敬，“圣学始终之要”（朱熹语），为发自内心之尊重情感与态度，如对天地和祖先之敬畏，对尊亲师长之敬爱，对人、事之敬重。“爱人”（12.22），“仁”之本训，为做人的根本要求。五伦十方、孝慈忠义等，为做人即爱人的特定要求，进而推及“泛爱众”（1.6），推及一切人及物。可以说儒学是爱的哲学，这正是以仁学为元意识的中华民族生命力绵长的根基所在。至此，五章内二见“时”，时间观念是“日新”（《汤盘铭》）；“自强不息”（《周易》），则是现实积极人生态度的必然。

[原文] 1.6 子曰："弟子入则孝，出则弟，谨而信，泛爱众，而亲仁。行有余力，则以学文。"

[译] 孔子说："后生们在家要孝敬父母，出门要尊重兄长，谨慎诚实，博爱大众，亲近有爱心的人。恭行实践后，还有余力，就去学习文献。"

[读] "泛爱"即"博爱"。爱是人性中最深切的亲和倾向，由亲情始，外推至人、物：于亲"结心"（《孝经》），于人则"慈"（《大学》），于物则"惜"，自然而有等差。行，即做人行为，人在幼童时即开始模仿和学习并将影响终生。要求孩子有"行"，父母老师首先要言传身教，"师范"为先。养育教育过程中，家家都在演出至为生动感人、充满深爱和智慧的故事；主角是母亲，她们负载着民族元意识传承重任，无可取代。在家族萎缩、家庭缩小的现代，如何养育后代，是历史性考验。

[原文] 1.7 子夏曰："贤贤易色；事父母，能竭其力；事君，能致其身；与朋友交，言而有信。虽曰未学，吾必谓之学矣。"

[译] 子夏说："（对待妻子，）重贤德而不重容貌；侍奉父母，能竭尽全力；服务于国君，能献出生命；跟朋友交往，说话守信用。这样的人，即使自己说没有学习过，我一定说他学习过了。"

[读] 人格学植根的五伦中，四伦在本章出现。前人指出，五

伦有“天合”，如父子、兄弟，以恩处；有“人合”，如君臣、朋友，以义处；而夫妇为“天人合”，为五伦之始。五伦十方在“互以对方为重”的互爱中体现人格平等，各伦双方义务等同。“夫妇、父子、君臣”三伦在战国郭店楚简中称“六位”，更说明平等关系。“汉后皇帝专制，以纲常自护”（熊十力语），实为矛盾，以“纲”自护压制人格而已。“仁义礼智信”五常，则为人格学规范。后之“学”为自学，工作、学术进取所必需。

1.8 子曰：“君子，不重则不威，学则不固，主忠信，无友不如己者，过则无惮改。” ［原文］

孔子说：“有道德修养的人，如果不庄重，就没有尊严；即使学习了，也不够稳固；要依靠忠诚守信；不跟不如自己的人交朋友；错了，就不怕改正。” ［译］

主，引申为依靠。信，四至八章五见，集中显示孔子对人格之看重。信，“从人从言”，“诚也”，“实也”（《说文解字》），“有诸己”（《孟子译注》），以守住自我而达于“内不欺于隐者，外不欺于物也”。友，既然“人合以义”，则当“上比”而进，青年尤要。改正错误用“不惮”，以示须“勇”（9.29、14.28）。勇为人格三大要素之一。 ［读］

1.9 曾子曰：“慎终追远，民德归厚矣。” ［原文］

曾子说：“慎重对待父母的去世，追念远古的祖先，百姓的道德风尚就归于淳厚了。” ［译］

[读]

“慎终”，丧礼“尽其哀”；“追远”，祭礼“尽其敬”（孔安国语）。“民，对君称”，“化民成俗必由在上者有以导之”（《论语正义》）。人类普遍崇拜祖先，中国人则更笃信。他民族元意识大多借助宗教，唯有中华民族继承祖先精神遗产，这就形成纵势发展优势及人伦、礼祭等特征。国家承担民族元意识“引导”职责，亦即仁学含有仁政即人格学政治之义，亦即对从政之人进行职务人格规范。德，儒学基本规范，“外得于人，内得于己”（《说文解字》），“道之用”（《老子》），“施之”则“得事宜”“得其性”“物得生也”，由己“施之”而惠及人、物，且各得其宜、其性、其生，这就是人性上升。

[原文]

1.10 子禽问于子贡曰：“夫子至于是邦也，必闻其政，求之与？抑与之与？”子贡曰：“夫子温、良、恭、俭、让以得之，夫子之求之也，其诸异乎人之求之与？”

[译]

子禽向子贡问道：“老先生到这个国家，一定会听到这个国家的政事，是他求来的呢，还是人家主动告诉他的呢？”子贡说：“老先生靠温和、善良、恭谨、俭朴和谦让来获得，老先生的获得方法，或许跟别人的获得方法不同吧？”

[读]

获得方法关乎人格。“盛德感人”“圣人以德求”，温良恭俭让是谦德，是力量而非软弱的表现。中华民族曾以此辉煌于世。我们的力量来源于人格学仁爱伟力的积累，从而形成亲和力而不断壮大。

1.11 子曰："父在，观其志；父没，观其行。三年无改于父之道，可谓孝矣。"　［原文］

孔子说："父亲健在，观察儿子的志向；父亲去世，观察儿子的行为。三年不改变父亲的规矩，可以说是孝顺了。"　［译］

"不改"，意为稳定家族关系；"三年"，非永久，非"愚孝"。志，"心之所之"，即初始之动机目的，包括实现手段，将贯穿始终，并决定其性质与结果，所谓"果含于因中"。其合理性、生命力与所依据范围正相关，合于人类文明主流，人性文明为上升线则存，反之则亡。个体、群体同之。"慎始""养志"，前人告诫多么沉重。　［读］

1.12 有子曰："礼之用，和为贵。先王之道，斯为美，小大由之。有所不行，知和而和，不以礼节之，亦不可行也。"　［原文］

有子说："文明规范的作用，以和谐最可贵。古代圣君的治理方法，就漂亮在这里，小事大事都遵循它。也有行不通的：只知道为和谐而和谐，不用文明规范节制它，也是不可行的。"　［译］

"礼，履也"，是人性上升至文明的社会规范形式。"礼之所自生者，让也"（王夫之语），发生于"男女有别""垂衣裳而天下治"（《周易》）之时代；强势者退让，如男性不抢婚，而以诗乐求之，见《诗经·关雎》；以规定物聘娶，如《诗　［读］

经·麟趾》，王夫之称为"麟趾之精义"。和，或情，或味，或乐，或泛指事情的和谐、恰当。由其文明性质决定，虽礼的形式讲秩序、讲分别(《史记·礼书》)，而社会作用则在和谐。

[原文]

1.13 有子曰："信近于义，言可复也。恭近于礼，远耻辱也。因不失其亲，亦可宗也。"

[译]

有子说："信约符合道义，诺言就可以践行。恭敬态度符合文明规范，就可以避免耻辱。所依靠的是关系亲密的人，也就可靠了。"

[读]

义，"宜也"(《中庸》)，引申为各种适宜的行为；由"仁德""比于人心，合于众适""当其时，合其俗""路也""成物""施之"，到"义刑"(《韩非子》)、"义杀"(《淮南子》等)；在最大依据范围"适宜"，以人性文明上升、人类文明主流为据，才立得住。耻，"辱也"(《管子》)，人格受到损害的羞耻感。孟子云"人不可以无耻"。耻为君子、士、智识者之人格必要条件，被视为"国之四维"之一(《管子》)。"小人不耻不仁"(《周易》)，没有道德修养的人，多不以没有人格为耻辱，更不知羞耻为道德败坏、国家败亡之始。

[原文]

1.14 子曰："君子食无求饱，居无求安，敏于事而慎于言，就有道而正焉，可谓好学也已。"

[译]

孔子说："有道德修养的人饮食不求饱，居住不求安逸，办事敏捷，说话谨慎，到有做人原则的君子那里去匡正自己，可以说是好学了。”

[读]

“食无求饱”是孔子饮食观之首要观点，“饱食终日，无所用心”(17.22)，则不能“用心”学习。实验证明：两组小鼠，限食者活四年，可以完成复杂动作；不限食者只能活二年，完不成同样动作。“食无求饱”利于智、寿。孔子定义“好学”，限“君子”中满足此五项条件的人，且以控制饮食为首要，对追求“口福”的现代人不啻一记棒喝。

[原文]

1.15 子贡曰：“贫而无谄，富而无骄，何如？”子曰：“可也。未若贫而乐，富而好礼者也。”子贡曰：“《诗》云：‘如切如磋，如琢如磨。’其斯之谓与？”子曰：“赐也，始可与言《诗》已矣，告诸往而知来者。”

[译]

子贡说：“贫穷却不谄媚，富有却不骄傲，怎么样呢？”孔子说：“可以的。不如贫穷却乐观，富有却爱好文明规范的人。”子贡说：“《诗经》上说：‘好像骨器的切，象牙的磋，玉器的琢，石器的磨。’(先有质美，再加工成器。)说的就是这个意思吧？”孔子说：“子贡啊，现在可以跟你讨论《诗经》了，教给你过去的，你就能推知未来的。”

[读]

人格以“无谄”“无骄”的独立平等为“自守”(朱熹语)底线，进而“乐”而“好礼”，为“有为”的、建立人格的学养过程。人最大的创造力在创建自身人格，即做人。子贡以为恰如具有美质(“有守”)的玉骨等加工成器(“有为”)过程，得到孔子赞扬。孔子二次答问，前者为把民族元意识理论化为人格学的思想家之见，后者为推行民族元意识教育即人格学教育的教育家之行。二者足证中华民族的性格就是由孔子构筑而成的。教育承担民族元意识传承重任，这就是孔子开办教育和全民族历来重视教育的原因，而教育内容，首在做人明理。

[原文]　1.16 子曰："不患人之不己知，患不知人也。"

[译]　孔子说："不担心别人不了解自己，担心自己不了解别人。"

[读]　"知"是社会交流和认可的标志。"人之不己知"，或因人格修养、事业建树不够，对己只有促进，并无损害。"不知人"则可能由于自我封闭，无能力与人沟通，贤者不能亲之学之，不贤者不能远之退之，从而害己误人，所以孔子"患"之。

为政第二

2.1 子曰:“为政以德,譬如北辰,居其所而众星共之。” ［原文］

［译］孔子说:“依靠自身道德治理国政,就像北极星那样,处在自己的位置上,其他星辰都环绕着它。”

［读］靠领导者自身道德力即人格影响力治国,为民族元意识基本原则,是为仁政,即人格学政治。德既含本人人格,也含职务人格,书中论述很多,如舜“恭己正南面而已矣”(15.5)。自上而下带动则有序,反之则乱。人格影响力以人格独立平等为前提,孔子所论即为人格平等的“公天下”。专制独裁没有人格平等,亦无人格影响力。

2.2 子曰:“《诗》三百,一言以蔽之,曰‘思无邪’。” ［原文］

［译］孔子说:“《诗经》三百篇,用一句话来概括它,就是‘思想纯正’。”

［读］各民族元意识及其派生之文化自成体系。没有中华文化养育就没有中国人。诗乐在中国文化体系中居重要地位,对人性涵养具有不可取代之作用,从而被列入“六艺”

之列。六艺者，礼乐育仁，书数育智，御射育勇。没有超自然的恐怖，没有仇他的“侵略性”，理性的光辉自然走得远。“思无邪”，“思”为“语词”，无实义。

［原文］

2.3 子曰：“道之以政，齐之以刑，民免而无耻；道之以德，齐之以礼，有耻且格。”

［译］

孔子说：“用政令引导百姓，用刑法约束百姓，百姓只是免于犯罪，还没有羞耻之心；用道德引导百姓，用文明规范约束百姓，百姓就会有羞耻之心，而且人心归正。”

［读］

“为政”篇云道德力对于执政者之重要，本章则指百姓，但需执政者引导。两种执政方针有区别：“政者，立常制以正民者也，刑者，兴法辟以割物者也。”“德者，得其性者也，礼者，体其情者也。”（《论语义疏》）后果唯提“知耻”，可见其为道德力标志；由“制”而“得性情”，则人性上升，发生道德力。

［原文］

2.4 子曰：“吾十有五而志于学，三十而立，四十而不惑，五十而知天命，六十而耳顺，七十而从心所欲，不逾矩。”

［译］

孔子说：“我十五岁立志求学，三十岁自立，四十岁不受各种说法迷惑，五十岁懂得大自然的赋予和限制，六十岁能倾听各种言论，七十岁能随心所欲，也不会越出规矩。”

［读］

此乃夫子一生年谱，千古成圣妙诀。志、立、不惑，“修境也”；知天命，“悟境也”；耳顺、不逾，“证境也”（顾炎武语）。修、悟、证，同时是互参的方法；境有高低，三种做人方法人人可学。其“学历”进境成为楷模、动力，感召历代国人。天命是大自然包括历史的给定。给予中含使命，是自觉承担；限制中含偶然性，非主观可控。“天视自我民视，天听自我民听”（《尚书·泰誓》），当是天命可知的一个原因。

2.5 孟懿子问孝。子曰：“无违。”樊迟御，子告之，曰：“孟孙问孝于我，我对曰‘无违’。”樊迟曰：“何谓也？”子曰：“生，事之以礼；死，葬之以礼，祭之以礼。” ［原文］

孟懿子问怎样才是孝。孔子说：“不违背文明规范。”樊迟给孔子驾车，孔子告诉他说：“孟孙问我怎样算孝，我回答说‘不违背文明规范’。”樊迟说：“这是什么意思呢？”孔子说：“父母健在，按文明规范侍奉他们；父母去世，按文明规范安葬他们，祭祀他们。” ［译］

此章皇侃疏中引卫瓘曰：“三家僭侈，皆不依礼也，故以礼答之也。”（《论语集解》） ［读］

2.6 孟武伯问孝。子曰：“父母，唯其疾之忧。” ［原文］

孟武伯问怎样算孝，孔子说：“对父母，就是忧心他们的疾病啊。” ［译］

《论语》中十次将“父母”并列，母亲同享子女孝敬、养 ［读］

老送终之礼。由于纵势发展优势，家庭成为中心环节，母亲承担特殊的民族元意识传承职责，民族成功延续，要归功于身为母亲者的伟大奉献。爱女性，即关爱民族未来。

［原文］

2.7 子游问孝。子曰："今之孝者，是谓能养。至于犬马，皆能有养；不敬，何以别乎？"

［译］

子游问怎样算孝。孔子说："现在所谓的孝，只是能养活父母。连狗和马也都能被人养活，如果没有恭敬心，那又有什么区别呢？"

［读］

"孝敬"连称，今天的"敬"含精神赡养、社会化养老等内容。

［原文］

2.8 子夏问孝。子曰："色难。有事，弟子服其劳；有酒食，先生馔，曾是以为孝乎？"

［译］

子夏问怎样算孝。孔子说："对父母，总是和颜悦色很难。有事情年轻人操劳，有酒有肴，年长的人享用。难道把这看作孝顺吗？"

［读］

连续四章谈孝，孔子对两位高足强调恭敬、态度，很契合今之情况。不仅个人，整个社会都要如此，使中华美德在现代条件下继续发扬。

［原文］

2.9 子曰："吾与回言终日，不违，如愚。退而省其私，亦足以发，回也不愚。"

［译］孔子说："我整天给颜渊讲学，他也不提疑问和不同见解，好像很愚笨。下课以后，去考察他私下的言行，竟有足够的发挥，颜渊啊，不愚笨。"

［读］颜渊是孔子最得意的学生，十哲德行科之首，竟以"愚"的形象出现，耐人寻味。此乃孔门弟子精心编排，以揭示颜渊智慧过人、全心投入、深入领悟的特点，所谓"大智若愚"。他后来被尊为"复圣"，与孔子并称"孔颜"，在中国人心目中居特殊位置。颜渊是凭特殊才学经孔子特殊教育产生的特殊人才。作为思想家和教育家，孔子喜欢提出个人见解的学生，不喜欢不思考、不提问的学生；而"每事问"（3.15）、"内自讼"（5.27）等提问乃至思想交锋，内外批判的风采，会在书中展现。

［原文］2.10 子曰："视其所以，观其所由，察其所安。人焉廋（sōu）哉？人焉廋哉？"

［译］孔子说："看他使用的方法，观察他做过什么，考察他的目的。这个人怎么隐藏得住呢？这个人怎么隐藏得住呢？"

［读］知人要看人格。本章从三方面入手，并首看所用方法、手段的性质，加以综合认定。

［原文］2.11 子曰："温故而知新，可以为师矣。"

［译］孔子说："温习已知的，能有新发现，就可以当老

师了。”

[读] “故”者“古”也，汉时“以通古今为说”，师乃“人师”，非“记问之学”。王充云：“知古不知今，谓之陆沉；知今不知古，谓之盲瞽。”（《论衡》）韩愈云：“吾谓‘故’者，古之道也。‘新’谓己之新意，可为新法。”民族元意识的特征决定了不从丰厚的历史资源中汲取力量并寻求方向，民族将逸出历史轨迹，背离“历史理性”（《论语今读》）、民族根性，滑向深渊。不能“温故而知新”，徒做耳食“无根”学生，是民族的悲哀。

[原文] 2.12 子曰：“君子不器。”

[译] 孔子说：“有道德有眼界的人不当工具。”

[读] 本章当从人格言。凡世人为外力左右、压抑，失去自我，丢掉独立人格，即“器”。如社会关系中的人身依附、组织中的“公共人格”，普遍的技术主义、科学主义、经济主义等无人文关怀之人格异化、扭曲。技术是人的延伸而不是枷锁，做技术而心怀仁道，就不是“器”。

[原文] 2.13 子贡问君子。子曰：“先行其言，而后从之。”

[译] 子贡问怎样做有道德修养的人。孔子说：“先实行好自己要说的，然后再说出来。”

言多“伤信”（郑玄语）。言行之际，不特君子、小人之辨，“实国家治乱之原”（《论语集释》），王夫之谓“直以一语括圣功之始末”。 [读]

2.14 子曰：“君子周而不比，小人比而不周。” [原文]

孔子说：“心胸坦荡的人普遍友爱团结，而不拉小圈子；心胸不阳光的人拉小圈子，而不普遍友爱团结。” [译]

本章从君子人格而言。“君子”立足文明上升主流，“周而不比”是其“爱人”（12.22）、“泛爱众”（1.6）的人格要求，小圈子有悖于此。 [读]

2.15 子曰：“学而不思则罔，思而不学则殆。” [原文]

孔子说：“学习却不思考就迷惘，思考却不学习就危险。” [译]

孟子云：“心之官则思，思则得之，不思则不得之。”思是创造性学习的必要条件。学而思，得其义，可以悟，可引向深入，而有所发现。学须接受前人成果，没有积累、凭空之“思”即无根基，故殆（15.31）。 [读]

2.16 子曰：“攻乎异端，斯害也已。” [原文]

孔子说：“攻击不同于自己的学说，这是有害的啊。” [译]

［读］ 孔子主张“和而不同”（13.23）、“毋固、毋我”（9.4）、“尊贤而容众”（19.3）；又“学无常师”（19.22），其访学对象包括不同学派，如道家的老子。他平静地对待反对者、不支持者，自信而坦然；他不急于证明自己的学说正确可行，而相信历史的选择。这种对学术的明智、宽容、开放态度，开启了儒学吐纳更新、恢宏发展的历史，成就了中华民族的博大胸怀，从而不断吸引“远人”，不断壮大自己。

［原文］ **2.17 子曰：“由！诲女（rǔ）知之乎！知之为知之，不知为不知，是知也。”**

［译］ 孔子说：“子路，教给你记住它吧！知道就是知道，不知道就是不知道，这是明智的呀。”

［读］ 子路少孔子九岁，是其最年长弟子。子路有勇重行，“闻过则喜”（孟子语），时随孔子左右，深得孔子喜欢。本章为求知指南，承认“不知”才能求知，真知要经得起历史检验。真诚亦做人本色，强“不知”以为“知”，岂止人格有损，还可引起严重后果，乃至祸国殃民。

［原文］ **2.18 子张学干禄。子曰：“多闻，阙疑，慎言其余，则寡尤；多见，阙殆，慎行其余，则寡悔。言寡尤，行寡悔，禄在其中矣。”**

［译］ 子张学习谋求官职、获得俸禄的方法。孔子说：“多听，保留有疑问的地方，谨慎地说出其余有把握的部分，就少过

失；多看，保留有疑问的地方，谨慎地实行其余有把握的部分，就少后悔。说话少过失，行动少后悔，官职俸禄就在其中了。”

［读］

古今社会发展，不仅脑体分工，而且劳心中又有管理者需求。所以，“十哲”有“政事”一科。或谓博学、慎择、守约、行实，亦谋生之道。

［原文］

2.19 哀公问曰：“何为则民服？”孔子对曰：“举直错诸枉，则民服；举枉错诸直，则民不服。”

［译］

鲁哀公问道：“怎样做才能使老百姓服从？”孔子回答说：“提拔正直的人安排到偏邪的人之上，百姓就服从；提拔偏邪的人安排到正直的人之上，百姓就不服从。”

［读］

直、正，为领导者本人人格要素，亦用人首要因素。“举直错诸枉，能使枉者直。”（12.22）春秋时期官职世袭，贤士不得位，故如是。后儒提出“有治法而后有治人”（黄宗羲语），靠制度选贤，为现代政治先声。

［原文］

2.20 季康子问：“使民敬、忠以劝，如之何？”子曰：“临之以庄，则敬；孝慈，则忠；举善而教不能，则劝。”

［译］

季康子问道：“要使老百姓对上尊敬、忠诚，互相劝勉，怎样实现它呢？”孔子说：“你对百姓庄重认真，他们就会对你尊敬；你孝敬父母，慈爱幼小，他们就会对你忠诚；你选拔好人又教育能力弱的人，他们就会互相劝勉。”

［读］ 领导者率先垂范为仁政、人格学政治原则。领导力即人格影响力，在率先垂范中展现人格平等和人格、仁爱力量。领导者本人人格与职务人格一致。

［原文］ 2.21 或谓孔子曰：“子奚不为政？”子曰：“《书》云：‘孝乎！唯孝，友于兄弟，施于有政。’是亦为政，奚其为‘为政’。”

［译］ 有人对孔子说：“你怎么不参与政治呢？”孔子说：“《尚书》上说：‘孝顺吧！只有孝顺父母，爱护兄弟，才能影响到政治。’这也就是参与政治，还怎么去‘参与政治’？”

［读］ 仁政即人格学政治，其基础在人格，在人格影响力。而“孝弟也者，其为仁之本与”（1.2），孝悌是人格的基础。“一家仁，一国兴仁；一家让，一国兴让”（《大学》），孝悌影响到政治。

［原文］ 2.22 子曰：“人而无信，不知其可也。大车无輗（ní），小车无軏（yuè），其何以行之哉？”

［译］ 孔子说：“作为一个人却不讲信用，不知怎么可以为人。牛车没有车辕和横木的销子，马车没有车辕和横木的销子，那怎么能行进呢？”

［读］ “无信不立”，此语最形象地说明“信”“诚实”对人格的

“关键”作用。中国历来重视诚实教育，重视“信誉”，原因在此。或以之指人类及一切社会组织等，必有信方可使社会进步。

2.23 子张问：“十世可知也？”子曰：“殷因于夏礼，所损益，可知也；周因于殷礼，所损益，可知也。其或继周者，虽百世，可知也。” ［原文］

子张问：“今后十代的礼制，可以知道吗？”孔子说：“商代继承夏代的礼制，废除的和增加的可以知道；周代继承商代的礼制，废除的和增加的可以知道。将来有人继承周代当政，即使一百代，也可以知道。” ［译］

“因损益”是孔子的历史发展观。他认为历史发展是必然的，表现为朝代更迭。他认可当代，“吾从周”(3.14)，吾其“为东周”(17.5)；同时认为“其或继周者”，王朝总要被替代，且不断更替下去，按“因损益”规律发展。“因”为“礼无可损益者”，“天做底”(的)，如“父子、上下”(朱熹语)、“亲亲、尊尊、长长，男女有别”等(《论语正义》)，相当于民族元意识“内层”。“损益”为“王者有改制之名”，“人做底”，如“权度量，徽号服色”等，相当于民族元意识中表层。“益”即创新。中国古代大小二十余朝代的更替大体如此。朝代更替伴以国政变革，参看四种国政演变方向。 ［读］

2.24 子曰：“非其鬼而祭之，谄也。见义不为，无勇也。” ［原文］

[译] 孔子说："不是自己的祖先，却去祭祀他，是谄媚。见到正义的事，却不去做，是没有勇气。"

[读] 谄，越出人格底线，即道德"失守"。谄于人、于鬼，性质同之。勇，为人格三大要素之一，无勇即不能"行仁"，是谓人格不全。

八佾第三

3.1 孔子谓季氏："八佾舞于庭，是可忍也，孰不可忍也？"　［原文］

孔子谈到季氏，说："在家庙庭院用八列六十四人乐舞，这都能忍心做，还有什么能不忍心做呢？"　［译］

鲁为周公封国，以功高特许行天子礼。季氏僭鲁君礼而行之，所谓"礼崩乐坏"。　［读］

3.2 三家者以《雍》彻。子曰："'相维辟公，天子穆穆。'奚取于三家之堂？"　［原文］

季氏三大夫在祭祖时唱《雍》诗并撤去祭品。孔子说："'诸侯陪祭，天子庄严肃穆地主祭。'三家庙堂上哪有《雍》诗的一点意思呢？"　［译］

此为三家违礼之具体一例。家，卿大夫封地名称，系行政单位，介于诸侯、乡邑之间。　［读］

3.3 子曰："人而不仁，如礼何？人而不仁，如乐何？"　［原文］

[译]　孔子说："生而为人却不做人，怎么对待文明规范呢？生而为人却不做人，怎么对待音乐呢？"

[读]　礼是人性上升到文明阶段的产物，是仁的规范化形式；仁是礼的依据、根本。乐为德音，"所以修内也"，"涤荡其邪恶也"，"移风易俗也"（《乐记》），是推动人性上升的最佳形式。诗乐一体，"兴（升）于诗"至"立于礼"，建立人格的上升过程即"做人"，是广义的仁。人而仁，则"言而履之，礼也；行而乐之，乐也"（《礼记》）。没有内在根本，礼乐只会徒具形式。

[原文]　**3.4 林放问礼之本。子曰："大哉问！礼，与其奢也，宁俭；丧，与其易也，宁戚。"**

[译]　林放问文明规范的本义。孔子说："你的问题意义重大！文明规范，与其奢华排场，宁可节俭朴素；丧礼，与其隆重周到，宁可深情哀悼。"

[读]　"礼之本"即前章所论之仁。俭朴、深情为仁之具体体现，繁文缛节违背礼之本义。

[原文]　**3.5 子曰："夷狄之有君，不如诸夏之亡也。"**

[译]　孔子说："东方、北方文化落后的地区虽有君主，还不如有礼乐文化的华夏没有君主呢。"

[读]　此说谓"道高于君"。民族由文化而非血缘凝结而成。

作为文化灵魂的民族元意识，无疑高于政治体制。其时华夏文明水平高，文化力量强大，周天子虽被架空，甚而短时空缺，而华夏文明不失品位，与“夷狄”不可相提并论。

3.6 季氏旅于泰山。子谓冉有曰：“女弗能救与？”对曰：“不能。”子曰：“呜呼！曾谓泰山不如林放乎？” [原文]

季氏要去祭祀泰山。孔子对冉有说：“你不能劝阻吗？”冉有回答说：“不能。”孔子说：“唉！难道说泰山之神还不如林放知礼？” [译]

泰山寓自然之灵性，借指自然之神。 [读]

3.7 子曰：“君子无所争，必也射乎！揖让而升，下而饮。其争也，君子。” [原文]

孔子说：“有道德修养的人没有什么相争的，有的话一定是比赛射箭了。先互相揖让登堂比赛，下堂后败者先饮酒，胜者陪着饮。这种相争是有道德修养的。” [译]

“君子无所争”之“争”为反文明之争，为混乱之源（荀子语）；“必也”为君子、文明之争，在竞争激烈的现代社会，尤要遵循。没有堂堂正正的人格担当，就会滑入前者深渊。后者还有“当仁不让”（15.36）之争，即争仁争义，实为最高境界之争。 [读]

［原文］

3.8 子夏问曰:"'巧笑倩兮,美目盼兮','素以为绚兮'。何谓也?"子曰:"绘事后素。"曰:"礼后乎?"子曰:"起予者商也,始可与言《诗》已矣。"

［译］

子夏问道:"'漂亮的脸蛋笑得美啊,黑白分明的眼珠顾盼生辉啊','洁白的底色来画绚丽的花啊'。这是什么意思呢?"孔子说:"绘画要在洁白的底子上进行。"子夏说:"那么文明规范在后了?"孔子说:"启发我的是子夏啊!现在可以跟你谈论《诗》了。"

［读］

人性告别野蛮,上升到文明,始有礼、文明规范,如绘画要有粉底。"忠信,礼之本也"(《礼记》),仁与忠、信为礼的条件。子夏从孔子对三句诗的解释中悟出这个道理,受到孔子称赞。孔子提倡创造性学习,前言颜渊"亦足以发"(2.9)、子贡"告诸往而知来者"(1.15),此言子夏"起予",均为典例。教育的生命在于此。

［原文］

3.9 子曰:"夏礼,吾能言之,杞不足征也;殷礼,吾能言之,宋不足征也。文、献不足故也;足,则吾能征之矣。"

［译］

孔子说:"夏代的文明规范制度,我能说出来,它的后代杞国却不足以作证;商代的文明规范制度,我能说出来,它的后代宋国却不足以作证。典籍和贤人不足的缘故;有足够的典籍和贤人,我就能引来作证明了。"

［读］

孔子说话、文章皆讲证据,而且要证据充足,因为"无征不信”(《中庸》),因而他不以“不足征”的后世之国印证其先朝的礼制。这种理性、客观、严谨的态度,是学者职务人格的要求,是民族元意识生命力的保证。

3.10 子曰:“禘自既灌而往者,吾不欲观之矣。” [原文]

孔子说:“禘祭典礼,从第一次献酒以后,我就不想看它了。” [译]

此语表明孔子对违礼行为的排斥与无奈。 [读]

3.11 或问禘之说。子曰:“不知也。知其说者之于天下也,其如示诸斯乎!”指其掌。 [原文]

有人问禘祭的理论。孔子说:“不知道啊。知道禘祭理论的人对于治理天下,大概像把东西放在这里一样容易吧!”一边说一边指着自己的手掌。 [译]

天下,“海内也”,指中国、华夏,或含周边地域至有人居住的地方。儒学面向一切人,并无种族观念,而重文化、文明,追求仁爱。 [读]

3.12 祭如在,祭神如神在。子曰:“吾不与祭,如不祭。” [原文]

祭祖先像祖先在那里,祭神像神在那里。孔子说:“我不参加祭祀,就和没有祭祀一样。” [译]

[读]　前祭“主于孝”，后祭“主于敬”，实为民族元意识教育。神，精气之谓也，“妙万物”（《易经·说卦》），“阴阳不测”（《易传》），为百物虚拟敬仰对象，非人格神。只有自己虔诚参与才会发生教育作用。

[原文]　**3.13 王孙贾问曰：“‘与其媚于奥，宁媚于灶。’何谓也?”子曰：“不然。获罪于天，无所祷也。”**

[译]　王孙贾问道：“‘与其讨好尊贵的奥神，不如讨好管事的灶神。’是什么意思呢?”孔子说：“不对。得罪了上天，就没有地方祷告了。”

[读]　天，为儒学重要概念：“四时行焉，百物生焉”（17.19）、“唯天为大”（8.19）、“颠也”（《说文解字·头》），“天视自我民视，天听自我民听”（《尚书·泰誓》）。天即大自然，为社会、历史、人生等一切事物的终极之源、决定力量，亦公正无私自信之见证。虽“神也奇也秘也”，然非人格神。“则天”（8.19），不过学习自然、顺乎自然而已。这里云“获罪于天”，即逆天而动，违反自然，包括忤逆民意。王孙贾或有所指，自比灶神。

[原文]　**3.14 子曰：“周监于二代，郁郁乎文哉！吾从周。”**

[译]　孔子说：“周代的礼乐文化依据夏、商二代，多么丰富多彩啊！我赞成周代。”

孔子身处之周代，遵循“因损益”（2.23）发展规律，继承夏、商二代礼乐，创建了当代新礼乐形式。由于周公建立殊功，鲁得行天子礼，而“周礼尽在鲁”；加以孔子“好古敏求”（7.19），继承发扬华夏精神命脉，遂能创立儒学。 ［读］

3.15 子入太庙，每事问。或曰：“孰谓鄹（zōu）人之子知礼乎？入太庙，每事问。”子闻之，曰：“是礼也。” ［原文］

孔子进入太庙，每件事都问。有人说：“谁说鄹大夫的儿子懂得文明规范啊？进入太庙每件事都要问。”孔子听到这话，说：“这正是文明规范啊。” ［译］

孔子把提问题、求真知作为追求文明规范和礼的要求，其本在仁，故“为人法也”（《论衡》），因而对“不违”的颜渊视为“如愚”（2.9），把善问的宰我列入十哲。时孔子“少也贱”（9.6），为“委吏、乘田”，时常做“供祭祀之薪蒸木材、牛牲”等事，得入太庙（见《论语集释》）。 ［读］

3.16 子曰：“射不主皮，为力不同科，古之道也。” ［原文］

孔子说：“比赛射箭不一定射穿皮靶子，因为各人力气不在一个级别，这是古时候的规矩。” ［译］

此为“礼射”，中的为尚。 ［读］

[原文]　3.17 子贡欲去告朔之饩(xì)羊。子曰:"赐也,尔爱其羊,我爱其礼。"

[译]　子贡想把每月初一告朔用的羊免去不用。孔子说:"子贡啊,你爱惜那只羊,我爱惜的是文明规范的仪式。"

[读]　"告朔"要求诸侯"视朔",而鲁君已不参加,故子贡想连羊也不杀。但祭祖仪式具有民族元意识教育意义,所以孔子不同意。

[原文]　3.18 子曰:"事君尽礼,人以为谄也。"

[译]　孔子说:"完全按照礼制侍奉国君,别人却以为这是谄媚。"

[读]　尽"礼"为"臣"对"君"之职务人格要求,而本人人格平等。当时鲁国君弱臣强,多不以礼待君,故孔子有此言。

[原文]　3.19 定公问:"君使臣,臣事君,如之何?"孔子对曰:"君使臣以礼,臣事君以忠。"

[译]　鲁定公问道:"君主使用臣下,臣下侍奉君主,应怎样做呢?"孔子回答说:"君主使用臣下要遵照文明规范,臣下侍奉君主要忠心不渝。"

[读]　"以礼""以忠",为君臣基于本人人格平等的职务人格

要求。“君若无礼,臣亦不忠”(《论语义疏》),所以孟子云“闻诛一夫纣”非“弑君”,荀子云“从道不从君”非“愚忠”。

3.20 子曰:“《关雎》,乐而不淫,哀而不伤。” [原文]

孔子说:“《关雎》,快乐而不放纵,悲哀而不伤害。” [译]

论诗而兼乐,为中国美学思想总纲,即中和之美。这是培育善良人性、完整人格之美学要求,从而形成中华民族文化艺术之美学特征。民族文化为民族元意识所派生,中和之美为中道思想之体现,创新并吸收外来文化,则必相容。本章用“A 非 A^{+}”句式,全书十余例,它如“和而不同”(13.23)、“群而不党”(15.22)等,为否定极端式。“温而厉”“恭而安”(7.37)等二生三式,则表达“中”的适度。 [读]

3.21 哀公问社于宰我。宰我对曰:“夏后氏以松,殷人以柏,周人以栗,曰使民战栗。”子闻之,曰:“成事不说,遂事不谏,既往不咎。” [原文]

鲁哀公向宰我询问社主牌位用什么木材。宰我回答说:“夏代用松木,商代用柏木,周代用栗木,是要使百姓战栗。”孔子听到这话,说:“已经做成的事就不必解释了,势必完成的事就不必劝阻了,已经过去的事就不必追究了。” [译]

“立社各以其土所宜之木”及“战栗”,各为“妄言”(《论语集解》)。或谓哀公欲平三家,宰我鼓励之,孔子知不可行而有此语。因为纠缠过去不利于进取,所以要“既往 [读]

不咎”。从积极方面认定人、成就人，是为仁学、人格学。

［原文］

3.22 子曰：“管仲之器小哉！”或曰：“管仲俭乎？”曰：“管氏有三归，官事不摄，焉得俭？”“然则管仲知礼乎？”曰：“邦君树塞门，管氏亦树塞门；邦君为两君之好，有反坫（diàn），管氏亦有反坫。管氏而知礼，孰不知礼？”

［译］

孔子说：“管仲的器量真小啊！”有人问：“管仲节俭吧？”孔子说：“管仲收来大量的市租，管事的人都不兼职，怎么算得节俭呢？”又问：“那么，管仲懂得文明规范吧？”孔子说：“国君门前立有照壁，管仲也立有照壁；国君接待他国国君宴饮时设有放酒杯的台子，管仲也有这样的台子。如果管仲懂得文明规范，谁还不懂得文明规范？”

［读］

“宪问”篇中孔子对管仲有高度评价，称其事功为“仁”，这里则指出其“器小”，不知“圣贤大学之道”“正身修德”（《朱子语类》），所评至为客观而主次分明。

［原文］

3.23 子语鲁大师乐，曰：“乐其可知也：始作，翕（xī）如也；从之，纯如也，皦（jiǎo）如也，绎如也；以成。”

［译］

孔子对鲁国乐官总长谈乐理，说：“演奏乐曲是可以了解的：开始演奏，五音相合，很热烈；接下去，舒缓地展开，乐声单纯和谐，继而节奏清晰对比，尾声连绵不绝；乐曲就完成了。”

［读］

此章当言“乡乐”。金奏、人歌、笙奏、人笙间乐及合乐依次完成（宋翔凤语），这个多段结构依稀可从某些乐曲中感受到。孔子对音乐的热爱和感受力、理解力超乎常人，对乐理的研究，是其人格学思想体系和教学的需要。前人指出，孟子不谈音乐，所以只能居于亚圣（王夫之语）。接受纯正的古典音乐教育和熏陶，是健康、文明人生必修课。

［原文］

3.24 仪封人请见，曰：“君子之至于斯也，吾未尝不得见也。”从者见之。出曰：“二三子，何患于丧乎？天下之无道也久矣。天将以夫子为木铎。”

［译］

仪城的守边长官请求会见孔子，说：“凡有道德修养的先生到这里来，我没有见不上的。”学生们请孔子接见了他。出来后，他说：“同学们何必担心老师的官位丢失呢？天下黑暗很久了，上天要把老先生当作人民的导师。”

［读］

孔子五十五岁辞鲁大司寇职，至卫、陈。当时“武事奋金铎，文事奋木铎”，故以木铎喻孔子。“仪封人”是第一个说出孔子是中国人精神导师的人，三百五十年后的公元前二世纪，汉武帝当政，他的预言在全国实现，从此儒学作为中华民族元意识走上国家政治舞台，走进中国人心灵。“仪封人”是位关心华夏命运、具有远见卓识的智者、隐士，在“莫有知圣人者”之时“乃知之”，前人多所赞美，令人无限感佩。

［原文］

3.25 子谓《韶》：“尽美矣，又尽善也。”谓《武》：

"尽美矣,未尽善也。"

[译] 孔子评论《韶》乐:"十分美了,也十分圆满了。"评论《武》乐:"十分美了,但不十分圆满。"

[读] "美者,声容之盛",指形式;"善者,美之实"(《论语集注》),指内容。善则境界更高,贵"以天下让"(8.1),含"文德"(《乐记》),故前者"善";后者虽正义但用武力,故"未尽善"。对《武》乐的有憾认可,即对"汤武革命"的态度。

[原文] 3.26 子曰:"居上不宽,为礼不敬,临丧不哀,吾何以观之哉?"

[译] 孔子说:"身在上位而不宽厚,行礼不恭敬,参加丧礼不悲哀,我该怎么看这个人呢?"

[读] 上位,当指职位,含为师为长者。宽以待下,长者垂范,为仁学之有序化要求,反之则乱。全书贯穿此原则。

里仁第四

4.1 子曰："里仁为美，择不处仁，焉得知？" [原文]

孔子说："住的地方要有仁德为好，如果选择的住处没有仁德，哪里算得聪明呢？" [译]

孔子由选择住所推及为人处世。孟子曰："夫仁，天之尊爵也，人之安宅也。莫之御而不仁，是不智也"，"仁义忠信，乐善不倦，此天爵也"，可为本章注脚。 [读]

4.2 子曰："不仁者不可以久处约，不可以长处乐。仁者安仁，知者利仁。" [原文]

孔子说："没有人格的人不能长久地处在贫困中，也不能长久地处在安乐中。有人格的人心安理得地做人，明智的人认识到做人有利而做人。" [译]

"做人"者尚有"畏罪者强仁"者，而"其成功一也"，所以无论什么人，无论什么境况，都要会"做人"，否则，无论贫困与安乐都经受不起。《周易·困卦》曰："亨、贞，大人吉。"在困境中，贞正不移之"大人"才会亨通大吉。困境是创业者、进取者必经之境。 [读]

[原文] 4.3 子曰:“唯仁者能好人,能恶(wù)人。”

[译] 孔子说:“只有有人格的人能喜欢好人,能厌恶坏人。”

[读] “贵仁者所好恶得其中(正)也”(《东观汉记》),“贵贤,仁也;贱不肖,亦仁也”(《孟子· 离娄下》),“无欲而好仁者,无畏而恶不仁者”(《礼记·表记》)。“无欲”“无畏”即仁。反之,欲求地位、利益,畏惧权贵,则会不仁。敢爱敢恨、正气凛然,是要靠人格支撑的。

[原文] 4.4 子曰:“苟志于仁矣,无恶也。”

[译] 孔子说:“只要立志做人了,总没有坏处啊。”

[读] 儒学重志。志是心中方向,继而是实践、学习,在“知、仁、勇”(9.29,14.28)三大要素上终生努力,创造健全人格,是人生最大成就。人或有不足乃至错误,但不会作恶就值得称赞。儒学鼓励人人向善,而不苛求人人完美。

[原文] 4.5 子曰:“富与贵,是人之所欲也;不以其道得之,不处也。贫与贱,是人之所恶也;不以其道得之,不去也。君子去仁,恶乎成名?君子无终食之间违仁,造次必于是,颠沛必于是。”

[译] 孔子说:“财富和社会地位,这是人人想要的,不用正当方法得到它,就不接受。贫穷和没有社会地位,这是人人厌恶的,不用正当的方法摆脱它,就不摆脱。有道德修养的人

丢掉人格，怎么成就名望？有道德修养的人没有一餐饭的时间违背人格，仓促匆忙中一定坚守人格，颠沛流离时一定坚守人格。”

[读]

富贵、贫贱、造次、颠沛，被视为人生“四关”。前二者为“入道第一关”，闯关入道要靠“仁”。许多志士仁人并非无能力求“富贵”，而实为其追求的精神价值所不屑。苏东坡即批评财神陶朱公“财有余而道不足”，而“道”即仁学、做人之道。本章提出“君子去仁”的重要问题，说明人格难成易失，需终生“如履薄冰”(8.3)，坚持不懈。因为“人之所以异于禽兽者几希”(孟子语)，人性随时有下降至“禽兽”动物性之可能，如面对“四关”的退却。“履道而贫贱”，君子的态度是平静接受。否则在己“违仁”，有失人格，在社会可能造成“乱”(7.20)而破坏秩序，违反文明主流价值观。这种崇高境界含有悲剧情怀，尽管《论语》中无“苦”字，通篇洋溢着“乐”乃至“贫而乐”(1.15)的主调。“贫贱”问题，由“国家有道”而“均富”(16.1)可消除。

[原文]

4.6 子曰：“我未见好仁者，恶不仁者。好仁者，无以尚之；恶不仁者，其为仁矣，不使不仁者加乎其身。有能一日用其力于仁矣乎？我未见力不足者。盖有之矣，我未之见也。”

[译]

孔子说：“我没有见过爱好人格的人、厌恶不讲人格的人。爱好人格的人，没有什么高于人格；厌恶不讲人格的人，他的修养人格啊，只是不让不讲人格的人凌辱自己。有人能在一天内把他的力量用到人格上吗？我没有看见过力量不够的人。大概有这样的人吧,但我没看见过。"

[读] 本章激励人们为建立人格而下功夫,从"一日"开始,亦含对人的惰性鞭策意。本章七见"仁",人格义鲜明。仁有"面子"义,即尊严,但"面子"不等于人格,唯视人格"无以尚之"而建立完整人格才真正有尊严,"恶不仁者"仅为"面子"而已。

[原文] 4.7 子曰:"人之过也,各于其党。观过,斯知仁矣。"

[译] 孔子说:"人的错误各有不同类别。观察一个人的错误,就知道他是什么样的人了。"

[读] "仁"通"人"义,此最典型。仁,理解为广义的人格,亦通。

[原文] 4.8 子曰:"朝闻道,夕死可矣。"

[译] 孔子说:"早晨得到做人真理,晚上死去也可以了。"

[读] 此章孔子极言已闻道之迫切,道之难闻,又不可不闻。道,即仁学,即人格学原则、方法,生而为人而不知做人真理,岂不枉生!孔子正因为有人的自觉,有做人、觉人的自觉,一生追求仁学真理,才"不枉生,不虚死",终成就为人类精神导师。

4.9 子曰："士志于道，而耻恶衣恶食者，未足与议也。" [原文]

[译] 孔子说："读书人立志追求人生真理，却为穿旧衣服、吃低档饭食而羞耻，这种人不值得跟他谈论什么。"

[读] 士，"通古今，辨然否，谓之士"（《左传》），"士者，事也，任事之称也"（《白虎通》），"士农工商，四民之首"（《管子》）。士略相当于今日之知识分子，其中"任事"者在"大夫"之下，不任事者居"四民"之首，成为民族发展动力。人格峥嵘、智识之士的出现，造就了中华民族的黄金时代。此后，对知识分子的培养、尊重与否，成为民族兴衰关纽。

4.10 子曰："君子之于天下也，无适也，无莫也，义之与比。" [原文]

[译] 孔子说："有道德修养的人对于世上的事，没有规定要这样，也没有规定不要这样，只遵从道义去做。"

[读] 适、莫，或以为敌慕、亲疏、厚薄、可不可等相反态度，不合"中庸"之德（6.29）、"允执其中"（20.1）之中道思想和"毋必、毋固"（9.4）意识，故不取。

4.11 子曰："君子怀德，小人怀土；君子怀刑，小人怀惠。" [原文]

[译] 孔子说："有道德修养的人关注道德，没有道德修养的

人关注乡土;有道德修养的人关注法制,没有道德修养的人关注恩惠。”

[读] 此章从“德”“刑”与“土”“惠”的对比中,体现儒学追求。儒学以“天下”、人类为视野,要求交流“开放”;而怀土、怀居、怀惠,则易产生人身依附,有所束缚而相悖。道德、法制与人员流动性正相关,为社会进步标志。孔子师生的实践正可印证其理论。

[原文] 4.12 子曰:“放于利而行,多怨。”

[译] 孔子说:“放纵利益行事,怨恨就多。”

[读] 利需义的制约。失去仁爱公平的效率、利益,人性就会扭曲,人格就会萎缩,社会就会失和。“上重义则义克利”,反之亦然。“义”胜“利”为“治世”,反之为“乱世”(《荀子》)。

[原文] 4.13 子曰:“能以礼让为国乎?何有?不能以礼让为国,如礼何?”

[译] 孔子说:“能用文明规范的礼让来治理国家吗?有什么困难呢?如果不能用文明规范的礼让来治理国家,又怎么对待文明规范呢?”

[读] 让,“礼之主也”(《左传》),是“礼之实”(朱熹语),且“礼生于让”(《论语集释》)。让是人性文明的起点与标志,

亦治国方针,可避免“争夺相杀”。儒学是培育强者的学问,真正的强者懂得礼让妥协。人类要有合群竞争意识,也要有知礼知让意识,懂得后者才是领袖之道。“如礼何”,视文明规范为最高标准与价值观念,人人当遵循。“礼让”为偏正关系,非并列关系,故下问“如礼何”。依“礼”而“让”,不“让”即不遵“礼”。

[原文]

4.14 子曰:“不患无位,患所以立;不患莫己知,求为可知也。”

[译]

孔子说:“不担心没有职位,只担心凭什么立于职位;不担心没有人了解自己,只求有让人了解的品德和才能。”

[读]

“不患”者,孔子告诫弟子不以“职位”“人知”为求;患“求”者,勉励弟子成德成才。

[原文]

4.15 子曰:“参乎!吾道一以贯之。”曾子曰:“唯。”子出。门人问曰:“何谓也?”曾子曰:“夫子之道,忠恕而已矣。”

[译]

孔子说:“曾参啊!我的思想由一个基本方法贯穿着。”曾参说:“是的。”孔子出去。同学们问道:“这是什么意思呢?”曾参说:“老先生的思想就是尽心待人和推己度人罢了。”

[读]

“忠谓尽中心也,恕谓忖己度物也。言夫子之道,唯以忠恕一理统天下万事之理。”(《论语注疏》)或以为即“己欲立而立人，己欲达而达人”(6.30)与“己所不欲，勿施于人”(12.2)之义。“一以贯之”释义颇多，苏东坡说：“难言也，非门人之所及，故告之以忠恕。”“卫灵公”篇中孔子对子贡说，自己非“多学而识之”，只是“予一以贯之”(15.3)。一为“道”的思想原则，一为认识方法，二者一致，为定义论方法即“正名”(13.3)，唯此可贯通全部思想概念。要点在根据具体情况定义，同一概念因不同情况而定义不同，如“仁”。此为具体做人要求，而非论辩逻辑。

[原文] 4.16 子曰：“君子喻于义，小人喻于利。”

[译] 孔子说：“有道德修养的人通晓道义，没有道德修养的人通晓利益。”

[读] 此章或谓“小人利而后可义，君子以利天下为义”。义利之辩为儒学所重，陆象山在白鹿洞讲此章，“听者悚然”。君子以有道德修养、人生境界的在位者和不在位之士为主体，所谓“无恒产而有恒心者，唯士为能”(《孟子》)，故“后儒专以人品言君子小人”(《群经平议》)。

[原文] 4.17 子曰：“见贤思齐焉，见不贤而内自省也。”

[译] 孔子说：“看见好人就想向他看齐，看见不好的人就在内心反省有没有类似毛病。”

[读] 做人的过程就是修养的过程，完全靠自觉，靠学习。不能“见贤思齐”就难以进步，不能“内自省”就是堕落的开

始，而从他人错误汲取教训则是明智的做人办法。

4.18 子曰："事父母，几(jī)谏；见志不从，又敬不违，劳而不怨。"　［原文］

孔子说："侍奉父母，见他们有不对的地方，委婉规劝；看见自己心意不被接受，仍然恭敬不冒犯，心里忧虑却不抱怨。"　［译］

"父有争子，则身不陷于不义。"(《孝经》)至亲至爱中，既体现人格平等，又有"义"在。父母有失，当"谏"，但要有原则，要"不冒犯"。　［读］

4.19 子曰："父母在，不远游，游必有方。"　［原文］

孔子说："父母在世，不到远方游历，游历一定有明确的去处。"　［译］

儒学倡导交流开放。今人或只引前二句，以为限制青年发展，而其重点恰在末一句："游必有方"，明示可"远游"，今天依然如此。古今同情，孝慈同心。孔子师生游历之久不逊于今，艰难困苦有过于今。他以五十五岁高龄出游卫、陈、曹、宋等国十四年，被害都有可能，更不要说饥饿寒暑。他欲居"九夷"(9.14)，"浮于海"(5.7)，学生则遍游黄河流域、长江流域，把仁学种子播撒华夏大地。今读《论语》，结合孔子师生生平，会理解得更准确。　［读］

[原文]　4.20 子曰："三年无改于父之道，可谓孝矣。"

[译]　孔子说："父亲死后，如果三年不改变父亲之所为，可以说是尽孝了。"

[原文]　4.21 子曰："父母之年不可不知也。一则以喜，一则以惧。"

[译]　孔子说："父母的年龄，不可以不记住啊。一方面为他们的年高而高兴，一方面为他们的衰老而担忧害怕。"

[读]　孝慈乃仁的深切体现，父母年高时尤须子女尽孝道。

[原文]　4.22 子曰："古者，言之不出，耻躬之不逮也。"

[译]　孔子说："古时候的人话不轻易出口，是怕自己做不到而感到羞耻啊。"

[读]　此章言涵养，人人须慎言躬行；或为在位者，必诚信；或为立言者，"必逮其所述之理"。后二者有职务人格而或有职务罪错，严重者要追究到本人人格，如动机、二重人格。

[原文]　4.23 子曰："以约失之者，鲜矣。"

[译]　孔子说："因为约束不放纵而失误的，少有啊。"

[读]　"约之以礼"（6.27），指按文明规范做人，包括职务人

格，推及学问、事业、生活。过分之约亦“失”。青少年在科技中好奇探索，乃至异想天开，是“智”能开发，应鼓励。

4.24 子曰：“君子欲讷（nè）于言而敏于行。” ［原文］

孔子说：“有道德修养的人要说话严谨，做事敏捷。” ［译］

“放言易，故欲讷；力行难，故欲敏。”儒学讲表里如一，讲“直”“忠信”（6.19 等），讲言行一致，甚而轻言重行，如本章，从而形成朴实敦厚的民族性格。 ［读］

4.25 子曰：“德不孤，必有邻。” ［原文］

孔子说：“有道德的人不会孤立，一定有人亲近。” ［译］

“同声相应，同气相求”（《周易》），道理似简单，情况很复杂。前人注意到“德之深浅与时之难易”，甚而有因德获罪之“时”。或以“所报也”释“邻”，“德”可“诚感殊类”（王夫之语），对人格影响力、道德力予以充分肯定。只要符合人类文明主流，“德”深入人心，即使在困难之时，只要能“心相类应”（朱熹语），终究会相“邻”者众。历史规律如此。 ［读］

4.26 子游曰：“事君数（shuò），斯辱矣；朋友数，斯疏矣。” ［原文］

子游说：“侍奉君主太烦琐，就会招来侮辱；对朋友太烦 ［译］

琐，就会被疏远。”

［读］

君臣、朋友为“人合”，以义相处，亦称“义合”。“上交不谄，下交不渎”，“君子之交淡如水”，“合则从，不合则去”，均为“人合”相交之道。

公冶长第五

5.1 子谓公冶长:“可妻也。虽在缧绁(léi xiè)之中,非其罪也。”以其子妻之。 [原文]

孔子说公冶长:“可以把女儿嫁给他。虽然被关在牢狱里,可不是他的罪啊。”于是把自己的女儿嫁给他。 [译]

此章言“明衰世用刑之滥”和孔子择婿之平实,告诫人们不以当前处境看人,特别是其人处在不利情况下。 [读]

5.2 子谓南容:“邦有道,不废;邦无道,免于刑戮。”以其兄之子妻之。 [原文]

孔子说南容:“国家政治清明,不会废弃不用他;国家政治黑暗,他可以避免被关被杀。”于是把哥哥的女儿嫁给他。 [译]

或谓南容“独居思仁,公言言义”。孔子的论述和行为表明他反对“力、乱”(7.20)的激烈行为。 [读]

5.3 子谓子贱:“君子哉若人! 鲁无君子者,斯焉取斯?” [原文]

[译] 孔子说子贱:“这个人真是有道德修养的人啊!鲁国没有有道德修养的人,这个人从哪里学得这样的品德呢?”

[读] “子贱为单父宰,善任人”,“父事者三人,兄事者五人,友事者十二人,师事者一人,其民附”(《韩诗外传》),可见其风采。孔子授徒不重资质,而重学习和影响。人人是学生,人人是老师;从家庭到社会,处处是做人课堂。此是在学校教育外保证民族元意识传承的广义教育。社会影响青年价值取向有过于学校教育,三者俱正才能确保成功。

[原文] **5.4 子贡问曰:“赐也何如?”子曰:“女,器也。”曰:“何器也?”曰:“瑚琏也。”**

[译] 子贡问道:“我怎么样?”孔子说:“你是一件器皿。”子贡问:“什么器皿?”孔子说:“神庙里盛黍稷的瑚琏。”

[读] 所谓“君子不器”(2.12),是从人格而言;“器”,是从才能、品格言。祭器负载着人的真诚与崇敬,奉献于祖先神明,此处用以比喻人性的光辉与高贵品格。“可荐鬼神,羞(‘进献’也)王公矣”,所谓“廊庙之材”。

[原文] **5.5 或曰:“雍也,仁而不佞(nìng)。”子曰:“焉用佞? 御人以口给,屡憎于人。不知其仁,焉用佞?”**

[译] 有人说:“仲弓么,有人格却不能言善辩。”孔子说:“何必要能言善辩? 伶牙俐齿对待人,常常招人讨厌。我不知道他的人格,何必要能言善辩呢?”

孔子不轻以“仁”许人,下面将读到孔子对仲弓的赞美和高度肯定。儒学的仁学性质决定其重笃行、弃浮言,不重论辩,更反对狡辩。此性质深刻影响中华民族的性格和学术方向。 [读]

5.6 子使漆雕开仕,对曰:“吾斯之未能信。”子说。 [原文]

孔子要漆雕开任职做事。他回答说:“我对这事还不自信。”孔子很高兴。 [译]

孔子“悦”,是“善其志道深”(郑玄语),是悦弟子“志于学道”(《论语注疏》),可见其对学术的推崇。 [读]

5.7 子曰:“道不行,乘桴浮于海。从我者,其由与?”子路闻之喜,子曰:“由也,好勇过我,无所取材。” [原文]

孔子说:“如果人格学方法行不通,就乘木筏漂浮到海外去。跟从我的,大概只有子路吧?”子路听到这话很高兴。孔子说:“子路啊,你的勇敢超过我,不过不善于取舍。” [译]

海为渤海(见《汉书·地理志》),特指朝鲜半岛,说明儒学的视野和开放态度,也表明当时已有海上交流。“海”(18.9),书中二见,义同。“四海”二见(12.5,20.1),有天下、人类义。 [读]

[原文]

5.8 孟武伯问:“子路仁乎?”子曰:“不知也。”又问。子曰:“由也,千乘之国,可使治其赋也,不知其仁也。”“求也何如?”子曰:“求也,千室之邑,百乘之家,可使为之宰也,不知其仁也。”“赤也何如?”子曰:“赤也,束带立于朝,可使与宾客言也,不知其仁也。”

[译]

孟武伯问:“子路有人格吗?”孔子说:“不知道啊。”孟武伯又问。孔子说:“子路嘛,一千辆兵车的诸侯国,可以让他负责这个国家的军事,不知道他的人格。”“冉求怎么样?”孔子说:“冉求么,千户人家的采邑,百辆兵车的卿大夫采地,可以让他做那里的行政总管,不知道他的人格。”“公西华怎么样?”孔子说:“公西华么,束上宽带站在朝廷,可以让他和贵宾常客交接洽谈,不知道他的人格。”

[读]

孔子视“仁”仅次于“圣”,认为仁者须完全具备“知、仁、勇”(9.29,14.28)并发生巨大影响力,方为人生至高境界。“仁”须终生修养、坚守,才能最终建立、保持,否则可能随时“去仁”(4.5)而丧失人格。这当是孔子不轻以“仁”许人的原因。三位高才是孔子据各自个性因材施教的结果。家为卿大夫封地行政单位,在“诸侯国、邦与都邑之间”,汉后此义消失。“国家(16.1)”即“邦家”,非家庭之家。二者有“天合”“人合”之别(12.2,12.20):一以恩处,一以义处,所谓忠孝不能两全。

[原文]

5.9 子谓子贡曰:“女与回也孰愈?”对曰:“赐也

何敢望回？回也闻一以知十，赐也闻一以知二。”子曰：“弗如也，吾与女弗如也。”

[译] 孔子对子贡说：“你和颜渊，谁优秀些？”子贡说：“我啊，哪里敢跟颜渊比？他听到一能知十，我听到一只能知二。”孔子说：“不如啊，我和你都不如啊。”

[读] 韩愈曰：“回，亚圣矣，独问子贡孰愈，亦赐之亚回矣。”“知二”可能只是“知见”之推理，“知十”则必有悟的飞跃。颜渊的学习重思考领悟，以致达到被以为“愚”（2.9）的地步，虽四十早逝而“孔颜”并称，名满华夏。孔子将子贡与颜渊比，说明对他的器重、喜欢。孔子的谦逊，子贡的自知，都为典范。

[原文] 5.10 宰予昼寝。子曰：“朽木不可雕也，粪土之墙不可圬（wū）也；于予与何诛？”子曰：“始吾于人也，听其言而信其行；今吾于人也，听其言而观其行。于予与改是。”

[译] 宰我在白天睡觉。孔子说：“朽烂的木头没法雕刻，粪土一样的墙没法抹灰；对于宰我么，我责备什么呢？”孔子说：“当初我对于人，听了他的话就相信他的行为；现在我对于人，听了他的话要观察他的行为。由于宰我，我改为这种态度。”

[读] 古人鸡鸣即起，在日出前，日出为昼。儒家以理性对待生命、生活，重行为、讲“修身”（《大学》），讲生活规律与卫

生(参看“乡党”篇),倡导勤奋进取,生生不息。宰我为孔子认可的“十哲”之一,是言语科高材,此处给以严厉批评,可谓严师高徒。

[原文] 5.11 子曰:“吾未见刚者。”或对曰:“申枨(chéng)。”子曰:“枨也欲,焉得刚?”

[译] 孔子说:“我没有见到刚毅不屈的人。”有人说:“申枨是。”孔子说:“申枨么,嗜欲多,哪里能刚毅不屈?”

[读] 在欲念推动下,有人会表现出“气血之勇”,而非理性指引下“富贵不能淫,贫贱不能移,威武不能屈”(孟子语)的“大丈夫”之“刚”。“大丈夫”之“刚”才是人格标志。

[原文] 5.12 子贡曰:“我不欲人之加诸我也,吾亦欲无加诸人。”子曰:“赐也,非尔所及也。”

[译] 子贡说:“我不愿别人强加在我身上的,我也不想强加在别人身上。”孔子说:“子贡啊,这不是你能做到的。”

[读] 子贡所言即“恕”(15.24)。仁学的基本方法以人格平等为前提,子贡或有强势时,是以孔子提出告诫。

[原文] 5.13 子贡曰:“夫子之文章,可得而闻也;夫子之言性与天道,不可得而闻也。”

[译] 子贡说:“老师关于诗书礼乐的学问,可以听得到;老师

关于人性和大自然的法则，无法听到。”

[读] “天命之谓性”（《中庸》），大自然造就人的本性，是谓天性。“天道”即大自然法则，如“四时行焉，百物生焉”（17.19），大自然为终极决定力量；“天命”“命”（2.4、9.1），谓大自然的给予和限制。子贡称未闻，实寓于文章之中。如“性”，本义、深层义很多。“仁”是人格的基础即人性，是人性文明上升线；“性”即指人性，而人性文明上升线即为对“天命”的响应。

[原文] 5.14 子路有闻，未之能行，唯恐有（又）闻。

[译] 子路听到一个道理，还没有实践它，就生怕听到另一个道理。

[读] 子路真诚地实践人格学，他在中国人心目中居崇高地位。孟子说弟子们学孔子，颜渊“具体而微”，其他“各得一偏”。契合自身情况而学，方是儒学门径。

[原文] 5.15 子贡问曰：“孔文子何以谓之‘文’也？”子曰：“敏而好学，不耻下问，是以谓之‘文’也。”

[译] 子贡问：“孔文子凭什么谥号为‘文’呢？”孔子说：“聪敏又好学，不以向地位、学问低于自己的人请教为耻辱，所以谥他为‘文’。”

[读] 谥法是一种终身评价方式，至今民间尚有“自谥”“私

谥”者。其实每个人都在用一生言行书写这个评价，以某种方式留在历史上。这就是历来讲人格的人视声誉、历史评价高过一切的原因。

[原文]　5.16 子谓子产：“有君子之道四焉：其行己也恭，其事上也敬，其养民也惠，其使民也义。”

[译]　孔子评论子产：“有四项有道德修养的人的品德：自己的行为庄重恭谨，侍奉君主谦敬认真，维护教育百姓广施恩惠，役使百姓合理适宜。”

[读]　恭、敬、惠、义四项职务人格，源自修身、尽礼、仁爱、正义四种个人人格，二者通常一致。

[原文]　5.17 子曰：“晏平仲善与人交，久而敬之。”

[译]　孔子说：“晏婴善于交朋友，相交越久，朋友越尊敬他。”

[读]　晏子曰：“其交友也，论身行义，不为苟戚，不同则疏而不诽。”朋友属“人合”，基于义。他得到的“敬”是敬别人的回报。“善交”即善“行义”，对不同之“友”取最适宜方式。

[原文]　5.18 子曰：“臧文仲居蔡，山节藻棁（zhuō），何如其‘知’也？”

[译]　孔子说：“臧文仲给大龟盖房子，斗拱上刻着山峦，梁上

短柱画着水草,他怎么这样‘聪明’啊?”

[读] 臧文仲以媚神求福,时人以为智,孔子讥之。

[原文] 5.19 子张问曰:“令尹子文三仕为令尹,无喜色;三已之,无愠色。旧令尹之政,必以告新令尹。何如?”子曰:“忠矣。”曰:“仁矣乎?”曰:“未知。焉得仁?”“崔子弑齐君。陈文子有马十乘,弃而违之。至于他邦,则曰:‘犹吾大夫崔子也。’违之。之一邦,则又曰:‘犹吾大夫崔子也。’违之。何如?”子曰:“清矣。”曰:“仁矣乎?”曰:“未知。焉得仁?”

[译] 子张问道:“楚宰相子文三次当宰相,没有高兴的样子;三次被罢免,没有抱怨的样子。自己当宰相时的政事,一定告诉新宰相。这个人怎么样?”孔子说:“够忠心了。”子张问:“有人格了吧?”孔子说:“不知道。这怎么算有人格呢?”子张问:“崔杼,为臣而杀死齐君。陈文子有四十匹马,舍弃不要,而离开齐国。到了一个国家,说:‘这里的执政大臣和我们的崔杼差不多。’离开这个国家。又到一个国家,说:‘这里执政的大臣和我们的崔杼差不多。’又离开这个国家。这个人怎么样?”孔子说:“够清白了。”子张问:“有人格了吧?”孔子说:“不知道。这怎么算有人格呢?”

[读] 此章可参读孔子对三高足“仁”的回答(5.8)。

[原文] 5.20 季文子三思而后行。子闻之,曰:“再,斯可矣。”

[译]　季文子凡事思考多次才行动。孔子听到后,说:"思考两次,就可以了。"

[读]　季文子"忠而有贤行,其举事寡过"(郑玄注),孔子才如此说。前人告诫"君子之行,思其终也,思其复也",意为凡事须想到后果,想到可持续性。思考次数,因人因事而异;有思考少而失者,亦有思考多而犹豫者。

[原文]　**5.21 子曰:"宁武子,邦有道,则知;邦无道,则'愚'。其知可及也,其'愚'不可及也。"**

[译]　孔子说:"宁武子在国家政治清明时,就聪明;在国家政治混乱时,就'糊涂'。他的聪明,别人赶得上;他的'糊涂',别人赶不上。"

[读]　此"愚"乃指国家祸乱时,不计代价相救。此举为"智巧之士"所避(《朱子语类》),或讥为"愚"。

[原文]　**5.22 子在陈,曰:"归与!归与!吾党之小子狂简,斐(fěi)然成章,不知所以裁之。"**

[译]　孔子在陈国,说:"回去吧!回去吧!我家乡的学生们志向远大,勇于进取,文理成就斐然可观,我不知道怎样指导他们。"

[读]　时孔子六十岁。此则表明他要把培养学生作为重要工

作。孔子的学生素质如此之高，是“鲁无君子者，斯焉取斯”（5.3）。这种社会环境的影响，是他本人的示范和合理、有效、系统教育的成果。学生之“狂简”似为正常情况下之通例。反之，假如年轻人没有带点狂傲之气的进取精神，没有耿介冰清的高洁情怀，或如模板之整齐划一，或如“乡愿”（17.13）之平庸，那才是民族的悲哀。

5.23 子曰：“伯夷、叔齐不念旧恶，怨是用希。” ［原文］

孔子说：“伯夷、叔齐不记过去的仇怨，因此心里的怨气少。” ［译］

孔子称伯夷、叔齐二人“求仁而得仁，又何怨”（7.14）；孟子称伯夷“不立于恶人之朝，不与恶人言”等极“清”之行，然而“不念于心”；《史记·伯夷列传》曰：“以暴易暴兮，不知其非矣。”可见伯夷是反对“以暴易暴”的第一人。伯夷道出了商（汤）暴力而兴，又被周（武王）暴力而亡的历史。韩愈称颂他“举世非之，力行而不惑”。伯夷曾去阻止周武王武力灭商，为反武力而“不食周粟”。他的崇高人格极富感召力，其伟大仁爱精神昭乎日月。伯夷的呼吁被称为“伯夷叔齐之问”（《四书翼注》）而响彻历史。孔子以不语“力、乱”（7.20）响应之。历史证明，唯理性“礼让”（4.13），立足文明主流，才富有创造性，才可健康发展。 ［读］

5.24 子曰：“孰谓微生高直？或乞醯（xī）焉，乞诸其邻而与之。” ［原文］

[译] 孔子说："谁说微生高心直？有人向他讨点儿醋，他向邻居讨来给人家。"

[读] 直者，心直也。内外一致，为人格重要因素，书中论及甚多（2.19，6.19，14.34 等）。本例失在没守住"当下本念"而转为"第二念"，从"直"上退了下来（《论语集释》）。因转念失掉人品，几成通例，故夫子指点之。或谓此即《庄子》《战国策》之尾生高，"期女子而不来，抱梁柱而死"。当时或以为直。

[原文] 5.25 子曰："巧言，令色，足恭，左丘明耻之，丘亦耻之。匿怨而友其人，左丘明耻之，丘亦耻之。"

[译] 孔子说："花言巧语，满脸讨人喜欢，十足的恭顺，左丘明认为这样可耻，我也认为这样可耻。把怨恨藏在心里，表面上却同那个人友好，左丘明认为这样可耻，我也认为这样可耻。"

[读] 仪容、言语、体态关乎人格，为人格外在体现。三种"谄"（1.15）的表现，有失人格，所以可"耻"。后者则为二重人格，或迫于压力，不够"勇"（9.29，14.28）而人格分裂；或以为"政治家常规作业"，则非清明阳光之政治。

[原文] 5.26 颜渊、季路侍。子曰："盍（hé）各言尔志？"子路曰："愿车马衣轻裘与朋友共，敝之而无憾。"颜渊曰："愿无伐善，无施劳。"子路曰："愿闻子之志。"子曰："老者安之，朋友信之，少者怀之。"

［译］

颜渊和子路陪侍在孔子身边。孔子说："为什么不各人说说自己的志向？"子路说："我愿意把车辆、马匹、衣服和裘皮大衣，与朋友共享，用坏它也不怨恨。"颜渊说："我愿意不夸耀自己的好处，不表白自己的功劳。"子路说："愿意听听老师的志向。"孔子说："使老年人得到安养，使朋友得到信任，使年轻人得到关怀。"

［读］

孔子重志。二高足乐意分享和不张扬的品德为做人准则，尤为团队创业所必须。孔子之志即儒学社会目标。师生平等交流，气氛自然、亲切，为教学典范。

［原文］

5.27 子曰："已矣乎！吾未见能见其过而内自讼者也。"

［译］

孔子说："算了吧！我没见过能看到自己的错误并且在内心批判自己的人。"

［读］

"见其过"并"内自讼"需"知、仁、勇"(9.29,14.28)三大人格要素支持，是提高人生境界的必要修养方法。儒学核心的做人、仁学原则，古今一脉；而在学理层面，学术思想的自我批判是修正错误、保持生机的需要。儒学史就是自我批判、不断更新的历史，孔子师生间即已开始，从荀子到朱熹、陆九渊、章太炎等，都算内部自我批判。在内外批判中生存发展，是儒学及以儒学为元意识的中华民族的性格命运。拒绝或不主动、不自觉地"内自讼"，即僵化、退化、败落之始。

[原文]

5.28 子曰："十室之邑，必有忠信如丘者焉，不如丘之好学也。"

[译]

孔子说："十户人家的小地方，一定有像我这样忠诚守信的人，只是不如我好学啊。"

[读]

此章"夫子言己劝学也"(《论语注疏》)。孔子给出自己成就的条件和原因：忠信和好学。这就是从常人到圣贤的两步距离。忠信是第一步，能实践的人较多；好学是第二步，能实践的人较少。而"古今未有不好学之君子"，唯在忠诚守信内质上，"好学"者才能成为有道德有修养有眼界的人。

雍也第六

6.1 子曰:“雍也,可使南面。” [原文]

孔子说:“仲弓么,可以让他为一方诸侯。” [译]

“南面”或释诸侯(《论语集解》)、人君(《论语集注》)。此乃孔子对仲弓素质、能力之认定,亦含天子产生之理念,或以“上无明天子故言”(《说苑》)。孟子云:“匹夫而有天下者,德必若舜、禹,而又有天子荐之者,故仲尼不有天下。”荀子以仲弓与孔子并列,称“圣人之不得势者”,指不如舜、禹之“得天下”。孔子当时已知荐让“公天下”者有二:尧、舜;暴力夺取“家天下”者有二:汤、武。以人格平等为理念的儒学视“礼让为国”(4.13),以选举贤人治国为可行,所以推行仁政并教育“尽人伦”。“学之为君臣,学之为父子”,因而“七十子中可南面者数人”(《论语正义》)。 [读]

6.2 仲弓问子桑伯子。子曰:“可也,简。”仲弓曰:“居敬而行简,以临其民,不亦可乎?居简而行简,无乃大简乎?”子曰:“雍之言然。” [原文]

仲弓问子桑伯子怎么样。孔子说:“可以的,他为人简单。”仲弓说:“平日庄重恭谨而行事简单,来治理百姓,不也可以吗?平日简单,行事也简单,岂不太简单了吗?”孔子 [译]

说:“仲弓的话对。”

[读]

居敬,“则中有主而自治严”;居简,“则中无主而自治疏”(《论语集注》)。桑户为“欲同人道如牛马”之高士,《说苑》称他与孔子有一次精彩的对话,互相欣赏对方“质美”,而说服对方“文之”或“去文”,可见其人生修为境界和思想倾向。仲弓申说老师见解,得到肯定,正见其过人处。

[原文]

6.3 哀公问:“弟子孰为好学?”孔子对曰:“有颜回者好学,不迁怒,不贰过。不幸短命死矣,今也则亡,未闻好学者也。”

[译]

鲁哀公问:“你的学生中谁是好学的?”孔子回答说:“有个叫颜渊的好学,不把怒气转移到别人身上,犯过的错误不再犯。不幸短寿过世,现在就没有了,再也没听到有好学的人了。”

[读]

在高度认定职务人格极优的仲弓后,孔子接以同列十哲德行科首位的本人人格最高的颜渊,而且强调其好学,指示着人格学本位所在,令人不得不赞叹孔子作为人格学思想家和教育家的成功。

[原文]

6.4 子华使于齐,冉子为其母请粟。子曰:“与之釜。”请益。曰:“与之庾。”冉子与之粟五秉。子曰:“赤之适齐也,乘肥马,衣轻裘。吾闻之也:君子周急不继富。”

［译］

公西华出使齐国，冉有为他母亲向孔子请求小米。孔子说：“给她六斗四升吧。”冉有请再加一些。孔子说：“再给她二斗四升吧。”冉有给了她八百斗。孔子说：“公西华出使齐国，坐着肥马驾的车子，穿着又轻又暖的裘皮大衣。我听说过：有道德修养的人接济急需的人，而不给富人添财。”

［读］

冉有以公西华母亲的名义请粟，孔子竟给了那么多。冉有慷老师之慨讨好同学，思想活动、生活气氛于今无二。今人误解《论语》，以为离生活很远，实升斗计量远，而人性人情近。这就是《论语》生命力所在。时孔子任司寇，与下一章用原思为家宰同时。

［原文］

6.5 原思为之宰，与之粟九百，辞。子曰：“毋！以与尔邻里乡党乎！”

［译］

原思做孔子采邑的总管，孔子给他薪俸小米九百斗。原思推辞不要。孔子说：“不要推辞，把它给你的乡里邻居吧！”

［读］

如果前章冉有为自己“市义”，那么孔子就在为原思“市义”。他们的风采依然光鲜，他们的思想感情与今天息息相通。站在孔子身边的人必成精英，羞于见孔子者当自省。

［原文］

6.6 子谓仲弓曰：“犁牛之子骍（xīn）且角，虽欲勿用，山川其舍诸？”

[译]　孔子谈仲弓,说:“耕牛产下的小牛犊,长着红色的毛和端正的角,虽然不想用它来做牺牲祭祀,山川之神难道会舍弃它吗?”

[读]　《史记》中说仲弓父为“贱人”。“犁牛”喻底层百姓,“山川”喻正确用人。孔子以仲弓之才德,反对出身、门第观念。

[原文]　**6.7 子曰:“回也,其心三月不违仁,其余则日月至焉而已矣。”**

[译]　孔子说:“颜渊嘛,他的意识长期不违背人格,其余学生只在短时间达到罢了。”

[读]　人格修养在后天,在自觉,在坚守。德行至高的颜渊,仅为“三月”之期而不是永久保持人格,说明“君子去仁”(4.5)的易发性、普遍性。这可能是文明倒退等历史社会现象的深层原因。

[原文]　**6.8 季康子问:“仲由可使从政也与?”子曰:“由也果,于从政乎何有?”曰:“赐也可使从政也与?”曰:“赐也达,于从政乎何有?”曰:“求也可使从政也与?”曰:“求也艺,于从政乎何有?”**

[译]　季康子问道:“子路可以让他管理政务吗?”孔子说:“子路嘛,果敢决断,管理政务有什么困难呢?”又问:“子贡

可以让他管理政务吗?”孔子说:“子贡嘛,通达人情事理,管理政务有什么困难呢?”又问:“冉有可以让他管理政务吗?”孔子说:“冉有嘛,多才多艺,管理政务有什么困难呢?”

[读]

个性是人格特征,个性是创造的保证;没有个性即无人格,没有个性即无创造。果敢、通达、才艺是孔子按性格倾向塑造的三高足的人格成就。七十子直接参与中华民族辉煌时代之百家争鸣,并为儒学扎根作出贡献。不可设想个性平庸的人会有如此创造力。应试教育以考试为纲,格式化、平庸化。回到孔子,回到以个性特征为标志的人格学教育,这才是人的教育,亦民族立世之本。

[原文]

6.9 季氏使闵子骞为费宰。闵子骞曰:“善为我辞焉。如有复我者,则吾必在汶(wèn)上矣。”

[译]

季氏使人让闵子骞做费邑的长官。闵子骞说:“好好替我推辞吧。如果再来找我,那么我一定会逃到汶水北边的齐国去了。”

[读]

闵子骞名列十哲德行科(11.3),以孝闻名于世。《史记》称赞闵子骞不食污君之禄,可能因其在季氏掌权越礼时曾拒绝出仕之故。

[原文]

6.10 伯牛有疾,子问之,自牖(yǒu)执其手,曰:“亡之,命矣夫!斯人也,而有斯疾也!斯人也,而有斯疾也!”

[译] 伯牛患病,孔子去探望他,从窗户握着他的手,说:“没有了,这是天给定的啊!这样的人竟有这样的病!这样的人竟有这样的病!”

[读] 伯牛亦为德行科高足,《白虎通》称其“危言正行”,《论衡》称其“空居而遭恶疾”。看来伯牛是因尚德重修,追求精神境界,过于清苦而染病。孔子为他发出的叹息令人震撼!前人指出“时无贤君,有道之士多致夭病”,又指出“修其在我”。人才是脆弱的,需国家社会尊重关怀,同时人才也要学会自我保护。人类进化发展由个体带动,所以尽管人才出现在某个具体环境,却是全人类的。他们在道德、学术、才艺上达到的高度,就是人类的高度。

[原文] **6.11 子曰:“贤哉,回也!一箪食,一瓢饮,在陋巷,人不堪其忧,回也不改其乐。贤哉,回也!”**

[译] 孔子说:“修养真高啊,颜渊!一筐饭,一瓢水,住在简陋的巷子里,人们都受不住这种困苦的忧愁,颜渊却不改变他的快乐。修养真高啊,颜渊!”

[读] 颜渊“不迁怒,不贰过”(6.3)的道德修养,“一箪食,一瓢饮”的精神境界,在中国人心目中居崇高地位。宋儒提出“孔颜乐处何在”之问,《韩诗外传》记载,颜回回答孔子曰:“鼓琴足以自娱,所学于夫子者足以自乐也。”“与士交通,终身无患难。”表明他在不断涵养人性,完善人格,提升精神境界,并向智识者、学生们传播交流。他的乐是首章“君

子”之“乐”的体现。

6.12 冉求曰:“非不说子之道,力不足也。”子曰:“力不足者,中道而废。今女画。” ［原文］

冉有说:“不是不喜欢老师的学说,是我的能力不够啊。”孔子说:“能力不够的话,半道就用尽了。现在是你自己停止不前。” ［译］

冉有为十哲政事科之首,他多才多艺,其才能被孔子视为“成人”条件之一。冉有同时又有“退”的表现,如本章。书中呈现冉有性格最为丰富生动,可为常人“成人”之鉴。 ［读］

6.13 子谓子夏曰:“女为君子儒,无为小人儒。” ［原文］

孔子对子夏说:“你要做有道德修养的儒者,不要做小人式的儒者。” ［译］

儒即学者,此章所言为学者职务人格。此则所言为“君子小人,以广狭异”(《论语正义》)。“技术主义者”泛指一切只对研究对象做琐细研究而不问文明仁义性质、不问社会担当者。“君子儒”中的“君子”为有道德修养之人,他们有道德有眼界有担当有人文关怀。本人人格为君子,其职务人格或为君子,或为小人;本人人格为小人,其职务人格必为小人。“子张”篇中子夏、子张有教学顺序之辩,但难判为“小人儒”。“小人儒”自古就有。物欲放纵,过度开发,恶性竞争,反文明之异端邪说时出,背后是狭隘利益作 ［读］

祟,岂止技术主义的小人而已!同时亦不可反方向,大而化之,成为"伪君子"。

[原文] 6.14 子游为武城宰。子曰:"女得人焉耳乎?"曰:"有澹(tán)台灭明者,行不由径,非公事,未尝至于偃之室也。"

[译] 子游做武城的长官。孔子说:"你在这里发现人才了吗?"子游说:"有个叫澹台灭明的,走路不抄小道,不为公事从来不到我屋里来。"

[读] 重视人才,为仁学即人格学之必然要求。《史记》称子羽"公且方",然而"行不由径",富含哲理。后来他率数百人到长江流域传播儒学。

[原文] 6.15 子曰:"孟之反不伐。奔而殿,将入门,策其马,曰:'非敢后也,马不进也。'"

[译] 孔子说:"孟之反不夸耀自己。在军队败退时殿后掩护,将进城门时,鞭打着马说:'不是我敢殿后,是马跑不快啊。'"

[读] 事在哀公十一年。齐攻鲁地,鲁国的孟之反在右师溃败。冉有率左师,却破敌立大功。《左传》:"冲锋在前,退却殿后,俱为立功,有境界则不伐。"

[原文] 6.16 子曰:"不有祝鮀(tuó)之佞,而有宋朝之

美，难乎免于今之世矣。”

[译] 孔子说：“假若没有祝鮀那样的口才，而只有宋朝那样的美貌，在当今社会就难以避免祸患了。”

[读] 此章孔子感慨乱世“好谀悦色”，正直之士难容于世。

[原文] 6.17 子曰：“谁能出不由户？何莫由斯道也？”

[译] 孔子说：“谁能不经过室门走到室外呢？为什么没有人从这条人生大道走呢？”

[读] 儒学认为“天命之谓性，率性之谓道”（《中庸》），生而为人，就要按照人的本性做人，是谓人生之道，即人格学、仁学。做人要自觉，像出室门一样自然。“户”喻日常、平易，设问而勉之。

[原文] 6.18 子曰：“质胜文则野，文胜质则史。文质彬彬，然后君子。”

[译] 孔子说：“质朴胜过文雅，就粗疏；文雅胜过质朴，就文绉绉。文雅质朴平衡，这才是有修养有品位的人。”

[读] 文质彬彬的风度，是文质“二生三”的新境界，是“文犹质也，质犹文也”（12.8），是水乳交融的均衡，而不是简单生硬的相加，更不是“内质外文”的表演。这是人格修养到相当程度的自然流露，是最具魅力的人格气质。

[原文] 6.19 子曰："人之生也，直；罔之生也，幸而免。"

[译] 孔子说："人能生存是由于正直，欺瞒蒙骗也能生存，只是侥幸免于祸患。"

[读] 直者，正直诚实，内不自欺，外不欺人，为做人基本要求，亦人生存之道。诚实简单，是健康正常社会人生通例；反之，则是病态社会症候。所谓"君子无幸有不幸，小人有幸无不幸"，会导致混乱，天怒人怨，而危及国计民生。

[原文] 6.20 子曰："知之者不如好之者，好之者不如乐之者。"

[译] 孔子说："对学问、事业，了解它的人，不如爱好它的人；爱好它的人，不如以它为乐的人。"

[读] 三种状态逐层加深。唯情感投入由爱好而以为乐，才能达到高境界，自然生发创造力。

[原文] 6.21 子曰："中人以上，可以语上也；中人以下，不可以语上也。"

[译] 孔子说："中等水平以上的人，可以跟他讲高深道理；中等水平以下的人，不可以跟他讲高深道理。"

[读] 因材施教，循序渐进，是教育必遵原则；否则事倍功半，

或完全失败。

6.22 樊迟问知。子曰："务民之义，敬鬼神而远之，可谓知矣。"问仁。曰："仁者先难而后获，可谓仁矣。" ［原文］

樊迟问怎样算明智。孔子说："致力于做适合百姓的事，尊敬鬼神而远离它，可以算得明智了。"又问怎样算有人格。孔子说："有人格的人，先艰苦努力然后获得，可以算有人格了。" ［译］

此章言从政职务人格。孔子对鬼神存而不论的明智态度，使中华民族免于神权统治，形成理性、此岸性世界观而屹立于世。职务获得方式关乎人格，从政者当警醒。樊迟三次"问仁"（12.22，13.19），孔子据情回答，所答各不相同，是为人格学。 ［读］

6.23 子曰："知者乐水，仁者乐山。知者动，仁者静。知者乐，仁者寿。" ［原文］

孔子说："聪慧的人喜欢水，慈爱的人喜欢山。聪慧的人喜欢动，慈爱的人喜欢静。聪慧的人乐观，慈爱的人长寿。" ［译］

"五六句互文见义"（《论语发微》），马斯洛"正相关原则"给予支持。或谓首为智、仁之性，次其用，次其功效（《论语义疏》）。孔子喜欢山水，可见之本书及《孟子》。 ［读］

《论语》不仅孔子所思所见，亦其体验体会。爱山爱水关乎人格、人性乃至生命。由审美体验之“乐”，到性格气质之“动静”，直到生命之延长，一系列深刻变化，在以大自然为师为友的“天人合一”观念中发生，从而形成中国人独特的宇宙观、人生观。大自然是人类唯一的“世界”和力量之源。

［原文］

6.24 子曰：“齐一变，至于鲁；鲁一变，至于道。”

［译］

孔子说：“齐国变革一下，就赶上鲁国；鲁国变革一下，就达到大治了。”

［读］

本章指出三种国政。“变”，指按“因损益”发展规律正向变革(2.23)。齐鲁二国治国方针不同。齐国“有霸迹者，武政也”，其人虚诈，朋党放纵，急功近利；鲁国“有王迹者，仁厚也”(《新序》)，其人好学，尚礼义，重廉耻。如鲁有孔子之“清议”(14.21)，齐则无。一以国为本，一以民为本。鲁之“变”为“道之以德，齐之以礼”(2.3)，“均无贫，和无寡，安无倾”(16.1)，以民为主之国政，如尧舜之“公天下”(8.18，8.19)。鲁国一直向华夏文明提供价值观，以礼乐文化影响至今。齐国以国为本，逆向发展而极端化为专制独裁，如秦。每个历史环节都有正负二向，形成四种国政：君主独裁、国本、民本、原始民主。前三种为性质不同之“家天下”，后者为“公天下”。“独裁”，政在君而相为奴；“国本”，政在相而君、相为友。孔子对“国本”特有条件持肯定态度，如对桓公、管仲的评价。“公天下”书中论述很多。由人性恶作怪，历来只在前三者中推演，以前二者为多见。

6.25 子曰:“觚(gū)不觚,觚哉!觚哉!” [原文]

孔子说:“觚不成个觚,觚啊!觚啊!” [译]

本章为“正名”之义(《论语疏证》)。或上圆下方,像天圆地方而改为圆,或二升以限酒而改大,俱失之。故叹。“日新”“自强不息”为民族元意识精神所在,但并非浅薄皮相的“翻新”“学样”,更不是形进实退的装扮。 [读]

6.26 宰我问曰:“仁者,虽告之曰‘井有仁焉’,其从之也?”子曰:“何为其然也?君子可逝也,不可陷也;可欺也,不可罔也。” [原文]

宰我问道:“有道德修养的人,只要告诉他说‘井里跳下人了’,他就会跟着跳下去吗?”孔子说:“为什么要这样呢?有道德修养的人可以使他到井边去察看,他却不会跳下去;可以哄骗他,他却不会糊涂。” [译]

人格三大要素中“仁”或为首智,愚昧之人何言“仁者”?或喻任侠之士轻身赴难多“从井救人”之类,故设问。 [读]

6.27 子曰:“君子博学于文,约之以礼,亦可以弗畔矣夫!” [原文]

孔子说:“有道德修养的人广泛学习文献,用文明规范约束自己,也就不会偏离正道了。” [译]

[读] 文，泛指“人文”文化，特指六经典籍。“何必读书，然后为学”(11.25)，“质而已矣，何以文为”(12.8)，为常见之惑；而“道虽要也，非博无通矣”(《论语疏证》)，仁学之“道”虽简要，但不广博学习“文”，即不能通晓其义。颜渊亦称夫子“博我以文，约我以礼”(9.11)，可见二者对做人守道之重要性。

[原文] 6.28 子见南子，子路不说。夫子矢之曰：“予所否者，天厌之！天厌之！”

[译] 孔子见了南子，子路不高兴。孔子发誓说：“如果我做错了什么，上天厌弃我吧！上天厌弃我吧！”

[读] 南子把持国政，欲见国君必先见南子。南子名声不好，孔子推辞后不得已而见之(参见《史记》)。子路为孔子类似情况“不悦”者还有二次，表明师生思想虽境界有别，而人格平等，且有“内自讼”(5.27)的活跃气氛；亦表现子路赤诚直率的性格。这样看来，孔子之“矢”是可理解的。不久，南子和卫灵公同车，招摇过市，“孔子丑之，去卫”。

[原文] 6.29 子曰：“中庸之为德也，其至矣乎！民鲜久矣。”

[译] 孔子说：“不极端和可常久的中道行为，作为品德，该是最根本的吧！人们缺少它很久了。”

[读] “不偏之谓中，不易之谓庸。”“中庸”是儒学追求人的

生存和长久发展的根本行为准则,是原则亦是方法。“中”为“中行”(13.21)的本人人格,“允执其中”(20.1)的职务人格准则;为“过犹不及”(11.16)之度,为自然时间、过程时间“适时”之“时中”(《孟子》);为公平、公正之方针保证。庸,指恒久性、实践性、普遍性。“中”为“正道”,偏于方法;“庸”为“定理”,偏于原则。

[原文]

6.30 子贡曰:“如有博施于民而能济众,何如?可谓仁乎?”子曰:“何事于仁?必也圣乎!尧、舜其犹病诸。夫仁者,己欲立而立人,己欲达而达人。能近取譬,可谓仁之方也已。”

[译]

子贡说:“如果有人广泛带给百姓利益,并能普遍救助困难的人,怎么样?可以称得上有仁德了吗?”孔子说:“怎么只算仁德?一定是道德圆满和智慧圆满的人了!尧舜或许都以做到这样为难呢。所谓仁德,自己要立起来,同时也要使别人立起来;自己要发展起来,同时也要使别人发展起来。能从身边推己及人,可以说是建立仁德的方法了。”

[读]

“仁者爱人”(12.22)。“爱人”是“仁”的定义;“立人”达人是“仁”的方法;从身边做起,共同进取发展是具体步骤。不追求空泛的目标,是为仁学,是为爱的哲学。人类共同接受“立人达人”观念之日,就是世界和谐发展之时。

述而第七

[原文]

7.1 子曰:“述而不作,信而好古,窃比于我老彭。”

[译]

孔子说:“阐述而不创作,相信并爱好古代文化,私下里我把自己比作老彭。”

[读]

作为对人类有重要影响的思想家,孔子颇具创造性思维。所谓“述而不作,信而好古”,其强调继承性,是民族人文历史特征决定和要求的,实则创造性总结继承,“盖集群圣之大成而折中之”(《论语集注》),是“述”中有“作”。如典籍的整理创解,仁学理论的提出和实践,“政教分离”和“清议”(20.1,14.21),都是开创性的。具普遍意义的仁学即人格学,成为中华民族元意识。孔子开启的阐释学成为民族学术传统,仁学的传承与创办私人教育更使其成为人类著名的教育家。

[原文]

7.2 子曰:“默而识之,学而不厌,诲人不倦,何有于我哉?”

[译]

孔子说:“对事物默默地分析理解它,学习不知满足,教导别人不知疲倦,这些事情我做到了哪些呢?”

三者为学习方法、学习态度和教学态度。学习内容包括知识、技能和社会、大自然；“不厌”偏知识、技能；“默识”偏社会、自然。“何有于我”说明孔子“好学”，以学为乐，并掌握正确方法。孔子以传播仁学为己任，有育人的自觉与热情。 ［读］

7.3 子曰：“德之不修，学之不讲，闻义不能徙，不善不能改，是吾忧也。” ［原文］

孔子说：“品德不修养，学问不讲习，听到道义不能实行，缺点不能改正，这是我忧虑的。” ［译］

四者“日新之要也”（《朱子语类》），为人格修养“日新”课程，现代人尤须注意。没有人格担当，就会害人害己；不能“日新”，就会倒退，乃至“君子去仁”（4.5）。 ［读］

7.4 子之燕居，申申如也，夭夭如也。 ［原文］

孔子闲居家中时，体态舒展，容色和悦。 ［译］

此章可与“乡党”篇中所言孔子工作状态比较，是为健康人生。 ［读］

7.5 子曰：“甚矣，吾衰也！久矣，吾不复梦见周公！” ［原文］

孔子说：“我衰弱得太厉害了！我很久没有再梦见周公了。” ［译］

[读] 周公在中华民族文明发展史上居重要地位,他继承夏、商两代礼制,遵循“因损益”发展规律(2.23)创建周礼,又以殊功封于鲁,特准行天子礼,而“周礼尽在鲁”。周公直接影响孔子,孔子在其影响下完成仁学体系。没有周公,就没有孔子,后人习称“周孔”。孔子梦见“周公”,为专精之深;“不复梦见”,则因衰老而遗憾。

[原文] 7.6 子曰:“志于道,据于德,依于仁,游于艺。”

[译] 孔子说:“志向在真理,固守道德,依靠人格,深入掌握知识技能。”

[读] 本章为中华文化纲领。“率性之谓道”,“道”即人生之道,即人生真理。“德”为个体惠及人、物之精神。“仁”为爱心,为人格。道德体现于人格,最后落实到“艺”,落实到各种具体工作。每个人必具此精神“上升”能力,做好自我,否则即人性下降——“去仁”(4.5)。本章强调“志”向真理,即沿文明上升线攀登,从而形成人类文明史主流。

[原文] 7.7 子曰:“自行束脩(xiū)以上,吾未尝无诲焉。”

[译] 孔子说:“十五岁以上的少年,整整齐齐来见我,我没有不教诲的。”

[读] “束脩”或释“十条肉脯”,系见面礼。本篇“互乡”之童

子见孔子则未提及礼品。

7.8 子曰："不愤不启，不悱(fěi)不发。举一隅不以三隅反，则不复也。" [原文]

孔子说："(教育学生，)不到他想懂又弄不懂的时候，不去引导他；不到他想说又说不出的时候，不去启发他。指出四方物的一个角，不能推知其他三个角，就不再教他了。" [译]

是为启发式教学。学生主动求知，以"愤""悱"作"启""发"的条件，而不是填鸭式；要有一定基础，有一定的推知能力，方能举一反三。此原则今天依然有效，是为教学规律。 [读]

7.9 子食于有丧者之侧，未尝饱也。子于是日哭，则不歌。 [原文]

孔子在有丧事的人身边用餐，从来没有饱过。孔子在吊丧这一天哭过，就不唱歌。 [译]

二者都表现了孔子的真挚感情。《论语》二十余次论及"乐"，五次提及"歌"，其中三次为孔子自己或与人"歌"。音乐是涵养人性、造就人格的重要方式，亦为健康人生和文明程度的标志，因而孔子把音乐列为六艺之一，作为教育内容。 [读]

7.10 子谓颜渊曰："用之则行，舍之则藏，惟我与 [原文]

尔有是夫!”子路曰:“子行三军,则谁与?”子曰:“暴虎冯河,死而无悔者,吾不与也。必也临事而惧,好谋而成者也。”

[译] 孔子对颜渊说:“使用我,就行道于世;不用我,就藏道于身。只有我和你能够这样吧!”子路说:“您若统率三军,找谁共事呢?”孔子说:“空手和老虎搏斗,凭双脚过河,死了都不知后悔的人,我是不找他共事的。我要找的,一定是临事小心恐惧、认真谋划并能完成的人。”

[读] 所谓“用行舍藏”,源自仁政思想必自上而下有序变革的原则。“天下有道则见”(8.13),“藏”非隐身。学术教育活动外,有“清议”之责,如孔子呼吁讨陈恒。同时孔子教育有嫉妒心的子路,要有勇有谋,遇事谨慎。

[原文] 7.11 子曰:“富而可求也,虽执鞭之士,吾亦为之。如不可求,从吾所好。”

[译] 孔子说:“财富如果可以求得的话,即使当市场守门人员,我也去做。如果不可以求得,还是做我喜欢的事。”

[读] 当时唯致仕食禄可富,孔子以“陪臣执国命”(16.2)为“无道”而不义,故“不可”。孔子所好为修诗书礼乐,教育弟子,传播人格学。

[原文] 7.12 子之所慎:齐、战、疾。

[译] 孔子慎重对待的事有:斋戒、战事和疾病。

[读] “斋,戒洁也”(《说文解字》),是祭祀前的身心整洁、静修活动,如沐浴、素食、迁居。“所慎”为理智、现实、严谨的生活态度。

[原文] 7.13 子在齐闻《韶》,三月不知肉味,曰:“不图为乐之至于斯也。”

[译] 孔子在齐国欣赏了《韶》乐后,陶醉得很长时间尝不出肉的味道来,说:“想不到演奏音乐竟达到这样的境界!”

[读] 时孔子三十五岁。孔子对音乐的感受力达到惊人程度。艺术尤其音乐对人的品格和智慧有积极影响。应回到人格学,回到艺术,尤其是音乐的怀抱,在艺术的滋养中回归为人。

[原文] 7.14 冉有曰:“夫子为卫君乎?”子贡曰:“诺,吾将问之。”入,曰:“伯夷、叔齐何人也?”曰:“古之贤人也。”曰:“怨乎?”曰:“求仁而得仁,又何怨?”出,曰:“夫子不为也。”

[译] 冉有说:“老师赞同卫君吗?”子贡说:“好吧,我去问问他。”子贡进去,问孔子道:“伯夷、叔齐是什么样的人呢?”孔子说:“是古代的贤人啊。”又问:“他们抱怨吗?”孔子说:“他们追求高尚人格而得到高尚人格,还抱怨什么呢?”子贡出来,说:“老师不赞同卫君啊。”

[读] 卫出公辄之父蒯聩得罪南子,被灵公逐奔于晋。晋灵公死后晋将之送回,出公拒之。其父子争位与伯夷叔齐让位相反,孔子肯定后者,反对前者。古代高士往往不出仕,甚至让国,当因职务人格与本人人格难以完全一致之故。前述本人人格为君子,职务人格或为小人。《左传》引孔子"守道不如守官"语,即意在指出道为本人人格,"官"即为职务人格。所谓大人者,言不必信。身不由己,所以宁可做士。

[原文] 7.15 子曰:"饭疏食,饮水,曲肱(gōng)而枕之,乐亦在其中矣。不义而富且贵,于我如浮云。"

[译] 孔子说:"吃粗粮,喝白水,弯起胳膊枕着它,这里面也有乐趣啊。不正当得来的财富和社会地位,对我来说就像浮云一样。"

[读] 行"义"而心安理得之精神与快乐,与天地同流并呼应首章,与"富且贵"物质第一性之"乐"对照。仁学即人格学的修养境界,超越物质上的贫富贵贱,是为宋儒所云之"孔颜乐处"。

[原文] 7.16 子曰:"加我数年,五十以学《易》,可以无大过矣。"

[译] 孔子说:"让我多活几年,到五十岁再研习《周易》,可以不犯大的错误了。"

《史记》曰："孔子晚而喜《易》。……读《易》，韦编三绝。"《易》与"天地为终始"（《汉书》），富含哲理。孔子希望在"知天命"之年深入学习，认为其时方可以把握根本性问题，可以"无大过"。这种谨慎、谦虚、坦诚的态度与其本人人格一致，为学术职务人格之表现。"术、学、道"之学境，与"志学""知天命"似有相应关联，当为规律。 [读]

7.17 子所雅言，《诗》、《书》、执礼，皆雅言也。 [原文]

孔子有时用雅言，诵《诗》、读《书》和主持礼仪时，都用雅言。 [译]

孔子所处时代交通主干道联通，文字一致，伦理统一，即《中庸》所云"车同轨，书同文，行同伦"且有语音统一的"雅言"。这是社会文明高度发展的标志，是中央政权效能的见证，只是非集权近于邦联制，松散统一。后来秦高度集权，规定"车同轨，书同文"（《史记》），"同文"不过把大篆简化、规范为小篆。汉字古今一脉，为凝聚中华民族之纽带，成为人类宝贵文化财富。 [读]

7.18 叶公问孔子于子路，子路不对。子曰："女奚不曰'其为人也，发愤忘食，乐以忘忧，不知老之将至'云尔。" [原文]

叶公向子路问孔子的为人，子路不回答。孔子说："你为什么不说'他的为人啊，发愤用功忘记用饭，用乐观排解 [译]

忧虑，不知道衰老就要来到了’。如此而已。”

[读] 时孔子六十三四岁。“学”为儒者第一要义，亦孔子所自许，由“不倦”而“忘食”。学为“君子”，为“仁”，为“圣”，“任重而道远”(8.7)；而“天下之无道也久矣”(3.24)、“天丧予”(11.9)等无奈、艰难及种种不如意，则以乐观精神排解而“忘忧”，以至于终生不懈、自强不息而忘“老”。这种为人性文明坚韧不拔的进取精神，即中华民族性格。

[原文] 7.19 子曰：“我非生而知之者，好古，敏以求之者也。”

[译] 孔子说：“我不是富于原创力、天才式的人物，我是爱好古代文化，勤奋敏捷地去追求的人。”

[读] “生而知之”(16.9)，为比喻义，非字面义，因为不能证明，故“不足征”(3.9)。或指天才式、富于原创力之“作者之圣者”，如周公、老子一类人物。孔子成就在“好学”，在勤敏。“无古今即无学”，纵势发展是我们的优势，孔子只是正确面对而已。今人不从历史寻求方向与力量，离开历史轨迹，只能走入曲折与迷茫。

[原文] 7.20 子不语怪、力、乱、神。

[译] 孔子不称道怪异、暴力、悖乱和神道。

[读] 不语，即“不称道”(《论语正义》)，即不屑、不认可。

怪、力、乱、神四者有违正常秩序和理性思维，不合仁学原则，从而体现孔子主张在保持社会秩序下变革的思想。这种“温和”的、经得起验证、维护人根本利益的思想，自然立得住。

[原文] 7.21 子曰：“三人行，必有我师焉：择其善者而从之，其不善者而改之。”

[译] 孔子说：“三个人一起走路，其中一定有我的老师：选择他的优点来学习，并把他的缺点当作警醒来改正。”

[读] 重视人的影响为仁学即人格学要义，本章即“学无常师”、善于向常人学习之例。

[原文] 7.22 子曰：“天生德于予，桓魋(tuí)其如予何？”

[译] 孔子说：“上天赋予我品德，桓魋能把我怎么样？”

[读] 《史记》记载：孔子过宋，与弟子习礼于大树下，桓魋欲杀孔子，伐其树，孔子去。弟子曰：“可速矣。”孔子即语此。“上天”为大自然终极力量，亦公正之见证，孔子之言为自信宣示，表现孔子“不忧，不惑，不惧”的人格修养境界。

[原文] 7.23 子曰：“二三子以我为隐乎？吾无隐乎尔。吾无行而不与二三子者，是丘也。”

[译] 孔子说：“同学们以为我对你们有所隐瞒吗？我对你们

没有什么隐瞒的，我没有什么事不可告诉你们，这就是我孔丘啊。”

[读] 夫子以“行”示范，不专以言教，是为人格学。而门人悬慕高远，故疑有隐。后之以技艺教人者，“隐”竟成通例，造成技术传承障碍。

[原文] 7.24 子以四教：文、行、忠、信。

[译] 孔子从四方面教育学生：文献典籍，社会实践，忠诚不欺和信守自我。

[读] 此章“皆教成人之法”，即建立人格方法。“文”为六经，即孔子整理之典籍文献，要多读书，多研习以致知。“行”为学理实践、德行规范，人格唯在社会实践中建立。历来民族元意识承传之中坚力量就是基层大众。他们恪守做人准则，默默坚守，深入而持久；没有他们的力行，就没有儒学，就没有民族精神的过去和未来。“忠”为诚实一心；“信”为“恒有诸己”（《论语正义》），守住自我，包括守住信念、承诺。“忠信”为做人基本品质。

[原文] 7.25 子曰：“圣人，吾不得而见之矣；得见君子者，斯可矣。”子曰：“善人吾不得而见之矣；得见有恒者，斯可矣。亡而为有，虚而为盈，约而为泰，难乎有恒矣。”

[译] 孔子说：“道德圆满智慧圆满的人，我是见不到了；能见

到有道德有修养的人就可以了。”孔子说：“民间一生行善的大好人，我是见不到了；能见到坚守本分的人就可以了。没有却装作有，空虚却装作充实，贫困却充作富有，这就难以坚持守本分了。”

[读]

圣人、君子以学言，善人、有恒者以质言（《论语新解》），即知识分子与民间人士之别。书中数论“善人”，并指出其特点，称其是自古就有的社会中坚。知识分子以前二者为目标，其他人以后二者为衡量。“斯可矣”，知识分子必做“君子”，非知识分子必做“有恒者”；“不得者”，“圣人”“善人”作为目标，不可强求。

[原文]

7.26 子钓而不纲，弋(yì)不射宿。

[译]

孔子钓鱼，不用网捕鱼；他用带生丝绳的短箭射鸟，但不射在树上栖息的鸟。

[读]

今天之人们受到大自然的报复，才知道大自然不可肆意破坏。儒学早期即有环保意识，“取物有节”，主要出于“天人合一”的观念。儒学习惯把人排列在天地之中，而不是其主宰。

[原文]

7.27 子曰：“盖有不知而‘作’之者，我无是也。多闻，择其善者而从之；多见而识之，知之次也。”

[译]

孔子说：“大概有一种自己不懂却喜欢凭空造作的人，我没有这样做过。多听，选择其中好的接受下来；多看，进而分析理解它。这是次一等的认知。”

［读］ 孔子反对浅薄的生造，提倡多学善学。孔子不认为自己是“生而知之”的天才式人物，而是“学而知之”者，是靠“好学”获得知识的人。

［原文］ **7.28 互乡难与言，童子见，门人惑。子曰：“与其进也，不与其退也，唯何甚？人洁己以进，与其洁也，不保其往也。”**

［译］ 互乡地方的人难以跟他们交谈，孔子却接见了那里的一个少年，学生们困惑不解。孔子说：“我们赞许他们的进步，不赞许他们的退步，何必做得太过分呢？人家清除自己的污点来求进步，就要赞许人家清除污点，不要抓住人家的过去不放。”

［读］ “去恶就善曰进”，进退所示即人性文明上升线，正负二向，衡量一切活动指示线。孔子对互乡童子的态度，为“仁者爱人”“有教无类”思想的实践，亦说明儒学的影响力。

［原文］ **7.29 子曰：“仁远乎哉？我欲仁，斯仁至矣。”**

［译］ 孔子说：“仁德距离我们遥远吗？我想要做到仁德，仁德就来到了。”

［读］ 本章形象地教人们做人。“求仁得仁”，自己要躬行，方可得仁。孔子总鼓励人们从当下做起，不空论高远。“活

在当下”,以前章“进”为正向准则。

7.30 陈司败问:“昭公知礼乎?”孔子曰:“知礼。”孔子退,揖巫马期而进之,曰:“吾闻君子不党,君子亦党乎?君取于吴,为同姓,谓之吴孟子。君而知礼,孰不知礼?”巫马期以告。子曰:“丘也幸,苟有过,人必知之。” [原文]

陈国的司败问:“鲁昭公懂得文明规范吗?”孔子说:“懂得文明规范。”孔子离开后,陈国的司败就作揖请巫马期走近自己,说:“我听说有道德修养的人没有偏私,难道有道德修养的人也有偏私吗?鲁君在吴国娶了位夫人,是同姓,称她吴孟子。鲁君如果懂得文明规范,还有谁不懂得文明规范呢?”巫马期把这话转告孔子。孔子说:“我孔丘有幸啊,只要有错误,别人一定让我知道。” [译]

“讳国恶,礼也。”(《左传》)孔子宁可承认自己“讳”的错误,并以“人必(使我)知之”为“幸”。“相助匿非曰党”(《论语集解》),“君子不党”为古语。 [读]

7.31 子与人歌而善,必使反之,而后和(hè)之。 [原文]

孔子同别人一起唱歌,如果别人唱得好,一定请他再唱一遍,然后自己和唱一遍。 [译]

三次唱歌当为:二人齐唱,友人独唱,孔子和唱。和唱犹和诗,为“跟着唱一遍”。此章表现孔子对音乐的喜爱和 [读]

与人同歌的风采，亦见乐诗“可以群”的作用。

［原文］　7.32 子曰：“文，莫吾犹人也。躬行君子，则吾未之有得。”

［译］　孔子说：“文献知识，大约我同别人差不多；至于处处身体力行的有道德修养的人，那我还没有做得好。”

［读］　本章既表现了孔子的谦虚美德，又指出儒学生命力在实践，在“躬行”。

［原文］　7.33 子曰：“若圣与仁，则吾岂敢？抑为之不厌，诲人不倦，则可谓云尔已矣。”公西华曰：“正唯弟子不能学也。”

［译］　孔子说：“讲到圆满的道德智慧和完全的人格，那我怎么敢当？只是为此学习工作不知厌烦，教诲别人不知疲倦，就是如此罢了。”公西华说：“这正是学生学不到的。”

［读］　孔子确立了道德智慧和完全人格的人生目标，并为此不懈努力传播，进而形成人性文明上升线，成为民族的精神动力，具有永久意义。由此形成的道德力，是维系社会和发展的基础。

［原文］　7.34 子疾病，子路请祷。子曰：“有诸？”子路对曰：“有之。《诔（lěi）》曰：‘祷尔于上下神祇。’”子曰：“丘之祷久矣。”

［译］

孔子病重，子路请求祈祷。孔子说："有这事吗？"子路回答说："有的。《诔》文上说：'代替你向天神、地神祈祷。'"孔子说："我已经祈祷很久了。"

［读］

孔子相信大自然的给予与限制，即所言"天命""命"。庄子所言"修身正行"，"坐席不敢先，居处若斋，食饮若祭"，"祷久矣"，当指此。参看"乡党"篇。

［原文］

7.35 子曰："奢则不孙，俭则固。与其不孙也，宁固。"

［译］

孔子说："奢侈就不谦逊，节俭就显得寒碜。与其不谦逊，宁可寒碜。"

［读］

谦恭、礼让为文明标志，亦为民族道德根基与做人基本规范。所以孔子宁可低调处事，也不奢侈张扬。

［原文］

7.36 子曰："君子坦荡荡，小人长戚戚。"

［译］

孔子说："有道德修养有眼界的人心胸宽广坦荡，道德修养眼界低的人，经常局促烦恼。"

［读］

此君子、小人之别指心理品质、眼界层面。君子光明磊落，问心无愧，顺境、逆境皆坦坦荡荡；小人囿于眼前得失，就会烦恼不断。

［原文］ 7.37 子温而厉，威而不猛，恭而安。

［译］ 孔子温和而严肃，威严而不凶猛，谦恭而安详。

［读］ 此章言外在仪容为内在修养的自然流露。

泰伯第八

[原文] 8.1 子曰："泰伯，其可谓至德也已矣；三以天下让，民无得而称焉。"

[译] 孔子说："泰伯，那可说是品德最高尚的了；多次把天子位让出来，百姓都找不到恰当的词语称颂他。"

[读] 周当时仅为商的封国，但势必得天下，故称"以天下让"。让是文明的起点与标志。礼让之本为仁。孔子正是从"述"先人这些优秀品质，而提出以仁爱为核心，强调礼让的人格学思想。

[原文] 8.2 子曰："恭而无礼则劳，慎而无礼则葸（xǐ），勇而无礼则乱，直而无礼则绞。君子笃于亲，则民兴于仁；故旧不遗，则民不偷。"

[译] 孔子说："只知谦恭而不知文明规范，就会倦怠；只知谨慎而不知文明规范，就会畏缩；只知敢作敢为而不知文明规范，就会乱来；只知直率而不知文明规范，就会尖刻。有职位有仁德的人厚待亲人，百姓就会兴起仁爱之心；他不遗忘老同事老朋友，百姓就不会人情淡漠。"

[读] 前者为文明规范对恭、慎、勇、直四项美德的规范调节，

如过度则有失;后者为“君子”对百姓的影响力。

[原文] 8.3 曾子有疾,召门弟子,曰:“启予足！启予手！《诗》云:‘战战兢兢,如临深渊,如履薄冰。’而今而后,吾知免夫！小子！”

[译] 曾子患病,把学生召集来,说:“看看我的脚！看看我的手！《诗经》上说:‘战战兢兢地,好像站在深水潭旁边,好像在薄冰上行走。’从今以后,我知道可免于祸患了！学生们！”

[读] 《孝经》言身体发肤受之父母,不敢毁伤。曾子以手足健全活到天年的身教,告诉学生们:一生应谨慎做人,手不举非义,足不蹈非礼,保全一生。而临大节能献身亦为“不毁”,且为先人增光(《论语集释》)。

[原文] 8.4 曾子有疾,孟敬子问之。曾子言曰:“鸟之将死,其鸣也哀;人之将死,其言也善。君子所贵乎道者三:动容貌,斯远暴慢矣;正颜色,斯近信矣;出辞气,斯远鄙倍矣。笾豆之事,则有司存。”

[译] 曾子患病,孟敬子去看望他。曾子说道:“鸟要死的时候,它的叫声是悲哀的;人要死的时候,他的话是善意的。在位的人应重视的待人态度有三项:面带感动,就能够远离粗暴怠慢;面色端正,就可以让人信任;言辞明确、语气诚恳,就可以避免粗野无理。至于礼仪事务,自有主管官吏处理。”

《礼记》:“礼义之始,在于正容体,齐颜色,顺辞令。”可见当时在位者如何待人。如不守文明规范,则将人格受辱。此即民族历史发展动力所在。 [读]

8.5 曾子曰:“以能问于不能,以多问于寡,有若无,实若虚,犯而不校。昔者吾友尝从事于斯矣。” [原文]

曾子说:“有才能却向没有才能的人请教,知识多却向知识少的人请教,有却像没有,充实却像空虚,被人侵犯也不计较。从前我的同道朋友就曾这样做啊。” [译]

孔子曾云“非颜渊不足当之”(5.26)。如把孔子的弟子按精神类型分类,可分为神圣或智慧型,如颜渊;理智型,如子贡;奉献型,如曾参;牺牲型,如子路。各类弟子有一致性,即人格独立,入世奉行人格学之道。颜渊身处“陋巷”(6.11),非出世;“犯而不校”,说明入世程度。 [读]

8.6 曾子曰:“可以托六尺之孤,可以寄百里之命,临大节而不可夺也,君子人与?君子人也。” [原文]

曾子说:“可以把幼小的孤儿托付给他,可以把国家的命脉交付给他,面临生死关头而不动摇,这是有道德修养的人吗?这是有道德修养的人啊。” [译]

曾参以“守身谨约”闻名,而对君子人格的要求全然事功,甚而为义薄云天之大义,可见修身目的在于社会担当。 [读]

过分强调儒学各派之别，乃至对立，不妥。

［原文］ 8.7 曾子曰："士不可以不弘毅，任重而道远。仁以为己任，不亦重乎？死而后已，不亦远乎？"

［译］ 曾子说："读书人不可以不心胸宽广，意志坚强，他们责任重大，前程遥远。把实现仁德作为自己的责任，难道不重大吗？到死才罢休，难道不遥远吗？"

［读］ 士略相当于今天的知识分子，其责任在做人，即"士志于道"（4.9），以仁为己任，终身实践人格学，实践做人之道。从"日三省吾身"（1.4），至"可以托六尺之孤，寄百里之命"，士可以在社会担当中建立人格，实现自我。这就要与内在的弱点作斗争，与外在的诱惑作分割，需要终生不懈，死而后已。上述与"匹夫不可夺志"（9.26）、"松柏之后凋"（9.28）等论述一致，体现人格之崇高性。经孟子发展为"大丈夫"人格而影响深远，为中国人立世高标。

［原文］ 8.8 子曰："兴于《诗》，立于礼，成于乐。"

［译］ 孔子说："人的修养开始于学《诗》，在学习文明规范中建立，在音乐养成中成熟。"

［读］ 三者形成人性文明上升线。"因损益"历史发展线是硬体线，此则为评价指导人生一切活动之软体线。《论语》的根本价值，或许正在这里。故认定"兴""成"主词为人性，以人性为"礼"内在的仁之基础。人"性相近"（17.2），

所“近”者当即“好色”(9.18)、“欲”,低于“刚”(5.11)之人性最低层次;由“诗”之“兴”上升而至于人性文明规范;由“礼之本”,人格而自“立”,再上升至于“乐”而人性“成熟”、实现。若直译而不出现主词,则为“在诗中上升,在文明规范中自立,在音乐中完成”。何以“兴于诗”,“成于乐”?以诗“可以兴,可以观,可以群,可以怨”(17.9)故也,其丰富的文学性、社会性和艺术美感力,首先表现在“兴”,即精神、人性上升。乐“由天作”,“本之情性”;“由中出”,“心之动也”;“情深而文明,气盛而化神,和顺积中而英华发外,唯乐不可以为伪”(《乐记》),“乐其所自成”(《礼记》)。伏羲做琴“以修身理性,反其天真也”(《琴操》),可见音乐较诗尤具超越力而达于心灵。“乐主和”,由“兴”而“立”的内心及与外界的不协调,而达于和谐,从而完成单纯性、精神性、和谐性之人性。从复杂上升于单纯,以人格为中心环节。“兴”是“立”的基础,“成”是“立”的升华。起于人性,经人格回归于人性,达于圆满人生,即“超越伦理价值之哲学境界”(冯友兰语)。广义人性含此三层次,狭义是指“兴”的底层,为类的觉醒,不及则非人。人格“立”于文明规范之上,为个体觉醒。广义人格含“做人”、“兴”上升而具个性者。“志于道”章(7.6)与本章一致,俱以“仁”为中心,指示人性文明上升;虽表述不同而体现于全书,成为个体、群体一切活动之指示、评价线。上升则善,下降则恶,只有升降没有左右。

8.9 子曰:“民可使由之,不可使知之。” [原文]

[译] 孔子说:“老百姓可以让他们按我们的道路走,不可以

使他们知道为什么这样。”

[读] “中人以下,不可以语上也”(6.21),从做人之道言势必有所不可;行政则有势所不允许者,古今如此。至于“谨庠序之教,申之以孝弟之义”(《孟子》),则为“使知之”例。如认为“愚民”思想,则与孔子之仁学包括教育思想的实践不合。

[原文] 8.10 子曰:“好勇疾贫,乱也。人而不仁,疾之已甚,乱也。”

[译] 孔子说:“喜欢勇力又怨恨贫穷,会出乱子。对不仁德的人痛恨太过分,也会出乱子。”

[读] 今人参读“孔颜乐处”(6.11,7.16)和“子不语”(7.20)可以明白怎样对待本章提出的问题。至于“主持世道”者,首先是当政者,则应遵照先“富之”、后“教之”(13.9)的方针,逐步提高全民生活与修身水平,造成“自天子以至于庶民一是皆以修身为本”(《大学》)之局面,则庶几矣。

[原文] 8.11 子曰:“如有周公之才之美,使骄且吝,其余不足观也已。”

[译] 孔子说:“即使有周公那样完美的才能,如果既骄傲又吝啬,那么其余方面就不值得看了。”

“骄且吝”为德有损，“其余”指“之才之美”，则“不足观”。此为假设之词，历史上的周公为“谦德”典范，其“一沐三握发，一饭三吐哺，犹恐失天下之士”，尊重人才、求贤若渴的风范为后世立则。《尚书》称其“多才多艺”，为孔子心中之理想人物，故经常“梦见”(7.5)。即使如此，如果“骄且吝”，也不可接受，足见“谦德”之重。 [读]

8.12 子曰：“三年学，不至于谷，不易得也。” [原文]

孔子说：“读书三年，不想去做官，很难得啊。” [译]

此章言“无所为而为学”(朱熹语)，即今日之“为学术而学术”“为艺术而艺术”，亦首章之“学而时习之，不亦说乎”。孔子虽设“政事”科，但更赞赏这种态度。唯其如此，才能深入，才能求得真谛，才能真正提高素质、品位，如颜渊。 [读]

8.13 子曰：“笃信好学，守死善道。危邦不入，乱邦不居。天下有道则见，无道则隐。邦有道，贫且贱焉，耻也；邦无道，富且贵焉，耻也。” [原文]

孔子说：“坚定信念，热爱学习，至死守住做人真理。不进入危险的国家，不居住在动乱的国家。国家政治清明，就出来工作；政治黑暗，就隐居。国家政治清明，自己贫穷又没有社会地位，是耻辱；国家政治黑暗，自己富裕又有社会地位，是耻辱。” [译]

[读]　“善道”，为做人之人生真理、方法，为“笃信，好学，守死”中心词，亦“隐见”“贫贱富贵”“耻辱”界限。

[原文]　8.14 子曰：“不在其位，不谋其政。”

[译]　孔子说：“不在那个职位上，就不要谋划它的政务。”

[读]　政事、制度为民族元意识表层，变化最大。现代政治诸如竞选、公民咨询，皆有“谋其政”之事。本章指共事者“戒人侵官”（《论语集解》）。

[原文]　8.15 子曰：“师挚之始，《关雎》之乱，洋洋乎盈耳哉。”

[译]　孔子说：“从太师挚演奏序曲，到合乐《关雎》尾声，满耳洋溢着美妙的乐曲啊！”

[读]　此章言乡乐、宴乐。乐有四节：一，独唱，瑟伴奏《鹿鸣》等，为始；二，笙主奏，磬伴奏《南陔》等；三，歌唱《鱼丽》，笙奏《由庚》，间乐六首；四，全体合奏《关雎》等，为乱。音乐发展水平，指示人性文明高度。

[原文]　8.16 子曰：“狂而不直，侗（tóng）而不愿，悾悾（kōng）而不信，吾不知之矣。”

[译]　孔子说：“狂放却不正直，幼稚却不老实，无知却不讲信用，我不知道他们为什么会这样。”

[读]

《论语集注》引苏氏曰："天之生物，气质不齐，其中材以下，有是德则有是病，有是病必有是德。"故守本分则狂应直，侗应愿，悾悾应信。

[原文]

8.17 子曰："学如不及，犹恐失之。"

[译]

孔子说："求学像追赶什么，唯恐追不上，追上又怕失掉它。"

[读]

本章指对学问念兹在兹、不舍求取的精神状态。颜渊就是如此。

[原文]

8.18 子曰："巍巍乎！舜、禹之有天下也，而不与焉。"

[译]

孔子说："崇高啊！舜、禹拥有天下，自己却没有得到什么。"

[读]

本章赞"公天下"的禅让制，称颂"礼让治国"典范(4.13)。孟子云："尧以不得舜为己忧，舜以不得禹、皋陶为己忧……孔子曰：'……巍巍乎！有天下而不与也。'尧舜之治天下岂无所用心哉？"(《孟子·滕文公上》)

[原文]

8.19 子曰："大哉！尧之为君也！巍巍乎！唯天为大，唯尧则之。荡荡乎！民无能名焉。巍巍乎！其有成功也。焕乎！其有文章。"

[译] 孔子说:“伟大啊！尧作为君主。崇高啊！只有天为最大,只有尧效法天。恩惠无边啊！百姓无法用言辞称颂他。崇高啊！他的丰功伟绩。光辉啊！他的礼仪制度。”

[读] 尧最大功绩当为得舜并始创禅让制(《孟子》)。孔子云“唯天为大,唯尧则之”,“言其尊大以成功也”(董仲舒语),即依据终极决定力量“天”,“道同自然,不私其子而君其臣”(《论语义疏》)。它如“积众贤以自强”“定时成岁”等,故“其仁如天”(《史记》)。大爱无私,人格最伟大,而积极影响民族元意识建立。

[原文] **8.20 舜有臣五人而天下治。武王曰:“予有乱臣十人。”孔子曰:“‘才难。’不其然乎?唐、虞之际,于斯为盛。有妇人焉,九人而已。三分天下有其二,以服事殷。周之德,其可谓至德也已矣。”**

[译] 舜有五位贤臣而天下大治。周武王说:“我有十位贤臣。”孔子说:“‘人才难得。’不是这样的吗?尧舜以后,周初人才最盛。十位贤臣中有女性在里面,只有九位贤臣而已。周文王得到天下的三分之二,还向商王称臣。周朝的道德,可以说是最高的了。”

[读] 周文王为殷封雍州伯。时共九州,而梁、荆等五州叛殷归文王。何以仍“服事殷”,乃等待纣王“悔悟”(《论语正义》),所以赞其“至德”。“才,道也”(《广雅》),“古之所谓才,皆言人有德能治事者”(《论语正义》)。

8.21 子曰:“禹,吾无间然矣。菲饮食而致孝乎鬼神,恶衣服而致美乎黻(fú)冕,卑宫室而尽力乎沟洫(xù)。禹,吾无间然矣。” [原文]

孔子说:“对于禹,我没有什么可非议的了。他饮食粗淡,祭祀祖先却很丰盛;他穿着破旧,祭祀祖先的礼服礼帽却很华美;他居住的房屋低矮简陋,却尽力去修沟渠水利。对于禹,我没有什么可非议的了。” [译]

大禹是本人人格与职务人格统一的楷模。合理政治,以简单透明为特征,这是文明史元点之昭示,并具有永久生命力。儒学批判没有禁区。前论周公如“骄且吝,其余不足观也已”(8.11),此称“禹,吾无间然矣”。二人为儒学推崇之古代大圣,亦在评判之列。对现实君主,则“疾固也”(14.32),“而犯之”(14.22),而“谏”(18.1,19.10)。儒者担负民族元意识“道统”承传重任,负有监督当政者实行仁学政治之责。这源自孔子开创的“政教分离”(20.1)和“道统”的自觉。道既独立于“政”,又得到“政”的支持,成为制衡执政者、保证民族生存发展的必要支柱。倡“民本”的鲁国才有孔子的“清议”,汉后成为制度,尽管“皇帝以纲常自护”,但政教分离是历史趋势,是人性上升和权力分化使然。数章盛赞“公天下”之尧舜禹和“家天下”之周文王、周武王,后赞商汤,以“汤武革命”“逆取顺守”维护仁政道统,而对违反者则暗含否定,如“殷有三仁”(18.1)之商纣。 [读]

子罕第九

[原文]　9.1 子罕言利,与命,与仁。

[译]　孔子很少主动谈利益,认可大自然的给予和限制,认可仁德。

[读]　《说文解字》:“直言曰言,论难曰语。”孔子“罕言利”,因为他不单纯追求利益。“与”译“认可”,符合全书思想。儒学是爱的哲学,认可人性上升正向力,尊重大自然包括历史的给定,反对超越客观限定,反文明无序之“力、乱”(7.20)。“与”,有人释为连词,三者俱“罕言”,与全书所论不合。

[原文]　9.2 达巷党人曰:“大哉!孔子。博学而无所成名。”子闻之,谓门弟子曰:“吾何执?执御乎?执射乎?吾执御矣。”

[译]　达巷乡的人说:“伟大啊孔子!学问渊博却没有成名的一技之长。”孔子听到这话,对学生们说:“我掌握哪门技艺?驾车吗?射箭吗?我还是驾车吧。”

[读]　与孔子同时期人即称孔子伟大,此为首例,可见孔子仁学思想、教育实践影响之大。社会需要专精一门技艺的人

才，更需要兼通不同学科的通才，最需要学贯古今的大师和思想家。大师影响在深层，在历史。

9.3 子曰："麻冕，礼也；今也纯，俭，吾从众。拜下，礼也；今拜乎上，泰也。虽违众，吾从下。" [原文]

孔子说："麻制礼帽，是文明规范；现在都用黑丝料，比麻料节俭，我跟从众人。臣见国君在堂下拜，是文明规范；现在到堂上拜，是骄纵。虽然与众不同，我仍然在下面拜。" [译]

孔子倡导不盲目跟风，以仁学即人格学为据。 [读]

9.4 子绝四：毋意，毋必，毋固，毋我。 [原文]

孔子杜绝了四种毛病：不臆测，不绝对化，不固执，不唯我。 [译]

"四毋"为孔子本人人格和学者职务人格在意识作风上的表现。理智、谦逊，是成就仁学的保证，亦为做人、求知、供职立则；违者必造成错误，乃至误人误国。 [读]

9.5 子畏于匡，曰："文王既没，文不在兹乎？天之将丧斯文也，后死者不得与于斯文也；天之未丧斯文也，匡人其如予何？" [原文]

孔子在匡地被围困，便说："周文王逝世以后，典籍、礼乐文化不都保存在我这里吗？上天要抛弃这种文化，我就 [译]

不会掌握这种文化了;上天没有抛弃这种文化,匡人能把我怎么样呢?”

[读]　《史记》记载:孔子自卫去陈,过匡。匡人误以其为阳虎,“拘焉五日”。“文不在兹乎”,指典籍礼乐等文化遗产遗失。周天子衰落后,鲁国为全国文化中心,是孔子巨大成就的必要条件。

[原文]　9.6 太宰问于子贡曰:“夫子圣者与?何其多能也?”子贡曰:“固天纵之将圣,又多能也。”子闻之,曰:“太宰知我乎!吾少也贱,故多能鄙事。君子多乎哉?不多也。”

[译]　太宰向子贡问道:“老先生是圣人吗?为什么这么多才多艺呢?”子贡说:“这原本是上天让他成为大圣人,又使他多才多艺的。”孔子听到这话,说:“太宰了解我吗?我年轻的时候没有社会地位,所以学会多种初级技能。有地位的人会这么多技艺吗?不多的。”

[读]　孔子三岁丧父,十七岁丧母,做过“委吏”“乘田”(管仓库、畜牧)等小吏。他从底层做起,发愤学习,坚守人类文明主流价值观,创立仁学即人格学,成为人类精神导师。他认为自己非“圣”,非“天纵”,而是后天学习所得。

[原文]　9.7 牢曰:“子云:‘吾不试,故艺。’”

[译]　琴牢说:“孔子说:‘我不被国家所用,所以学会一些

知识。'"

[读] 此当孔子"而立"时。艺即"六艺",与前章之"能"不同。孔子在学理、技能领域的建树,不仅开拓了智能,也使其得以深入社会各阶层,了解人们的状态和要求,为仁学理论的提出打下了坚实基础。

[原文] **9.8 子曰:"吾有知乎哉?无知也。有鄙夫问于我,空空如也。我叩其两端而竭焉。"**

[译] 孔子说:"我有知识吗?我没有多少知识啊。有位乡下人向我提问题,我一无所知。我只是从问题的始末、正反等步步询问,直到问题化解。"

[读] "两端"提问是一种认识方法,讨论很多,或谓"小大微著之分""小之将为大",或谓"众论不同之极致""度量取中",或谓"端,尽。凡事皆有两端,反问令自悟"等。从思维方法看,"两端"为分析方法,书中多例,而都涵盖于综合方法之中。如对人的种种分析,君子、小人,智、愚,贫、富等,综合于"有教无类",直至"四海之内皆兄弟";与"天人合一""古今一脉"俱达于极致综合。或唯此孔子才能提出"仁学"体系。

[原文] **9.9 子曰:"凤鸟不至,河不出图,吾已矣夫!"**

[译] 孔子说:"凤凰不飞来了,黄河也不出现八卦图了,我的一生了结了!"

[读] 此章言伤周衰且无明王,伤己不见用也。孔子借古语叹息圣王不出现,不能推行自上而下的变革,从而实行仁学政治。

[原文] 9.10 子见齐衰者、冕衣裳者与瞽者,见之,虽少,必作;过之,必趋。

[译] 孔子看见穿丧服的人,戴礼帽、穿礼服的人和盲人,相见时,即使他们年纪小,也一定要站起来;从他们面前走过,一定快步走。

[读] 孔子对第一、三种人为同情,对第二种人为对职务人格的尊重。瞽者可能不知道主人已站起来示意,正表明"礼之本"实质在"仁"。

[原文] 9.11 颜渊喟(kuì)然叹曰:"仰之弥高,钻之弥坚。瞻之在前,忽焉在后。夫子循循然善诱人,博我以文,约我以礼,欲罢不能。既竭吾才,如有所立卓尔。虽欲从之,末由也已。"

[译] 颜渊长长地感叹着说:"越抬头仰望越觉得高,越努力钻研越觉得坚固。看他在前面,忽然又在后面。老师善于一步步地诱导人,用文献丰富我,用文明规范约束我,使我想停止学习都不可能。我已经用尽了才力,好像有所建树。可想再跟着老师前进,却不知从哪里走了。"

颜渊追求完美人格和至高人生境界,对自己永不满足,对老师总是仰望,就会出现这种“学如不及,犹恐失之”(8.17)的精神状态。“博文约礼”(6.27)为儒学教学大纲。 [读]

9.12 子疾病,子路使门人为臣。病间,曰:“久矣哉,由之行诈也!无臣而为有臣,吾谁欺?欺天乎?且予与其死于臣之手也,无宁死于二三子之手乎!且予纵不得大葬,予死于道路乎?” [原文]

孔子病重,子路让同学们当孔子的家臣,负责料理后事。病好转后,孔子说:“很久了吧!子路做这种欺诈的事情。我没有家臣却装作有家臣。我欺骗谁呢?欺骗上天吗?而且我与其死在家臣的手里,宁可死在同学们的手里啊!而且我虽然得不到大礼安葬,难道会死在道路上吗?” [译]

孔子当时已不任大夫职,为士,故无家臣。子路欲仍以大夫礼待之。孔子则不违制,且更看重师生情谊。 [读]

9.13 子贡曰:“有美玉于斯,韫(yùn)椟(dú)而藏诸?求善贾(gǔ)而沽(gū)诸?”子曰:“沽之哉!沽之哉!我待贾者也。” [原文]

子贡说:“有块美玉在这里,是把它裹着在柜子里藏起来呢,还是找个识货的商人卖了它呢?”孔子说:“卖了它吧!卖了它吧!我正等着识货的人呢。” [译]

“待贾”而不求,是孔子对入仕的态度,即“用行舍 [读]

藏”(7.11)。

[原文] 9.14 子欲居九夷。或曰:“陋,如之何?”子曰:“君子居之,何陋之有?”

[译] 孔子想到东方偏远的地方居住。有人说:“那里闭塞落后,怎么住啊?”孔子说:“有道德修养的人住在那里,还有什么闭塞落后呢?”

[读] 《后汉书·东夷传》以为九夷包括朝鲜,并举箕子封于朝鲜而民风大变为例。孟子曰:“君子所过者化,所存者神。”对人格影响力、文化影响力都有充分认定。孔子欲居九夷,表明儒学的人类视野和开放态度,以及对仁学思想的自信。

[原文] 9.15 子曰:“吾自卫反鲁,然后乐正,‘雅’‘颂’各得其所。”

[译] 孔子说:“我从卫国回到鲁国,才对《诗经》的乐曲进行整理,‘雅乐’和‘颂乐’各有了恰当的位置。”

[读] 时鲁哀公十一年,孔子六十八岁,结束十四年的游历回鲁。本来诗乐一体、口耳相传的音乐很难保存,加之“自诸侯出”(16.2)而“郑声”乱(15.11),故先人典籍等文化遗产经孔子整理并纳入教育体系,才有中华文明的高度发展。

[原文] 9.16 子曰:“出则事公卿,入则事父兄,丧事不敢

不勉，不为酒困，何有于我哉？”

［译］孔子说：“在朝廷，就服务公卿；在家庭，就服侍父兄；有丧事，不能不尽心去办，不被酒困扰。这对我有什么困难呢？”

［读］此章谈做人修养，或以学生口吻，要求诸人记住。

［原文］9.17 子在川上，曰：“逝者如斯夫！不舍昼夜。”

［译］孔子站在河岸上，说：“过去的一切像这河水一样啊！昼夜不停地向前奔流。”

［读］学者之惜时，思想家之历史感，都在这句震撼人心的感叹中得到体现。孔子爱水，“亟称于水”（孟子语）。以水之“清”“动”诸特点与儒学精神一致，亦师法“天”、自然之例。

［原文］9.18 子曰：“吾未见好德如好色者也。”

［译］孔子说：“我没有见过喜欢道德像喜欢美色的人。”

［读］人性如此。“食色，性也”（《孟子·告子上》），为人性最低层次本能；德则要“兴”升才能达到。儒学认定人性向上、向善，并系统地进行人性涵养、教育，共同提高进取；既不抹杀人性，又具体地提高人性。

［原文］9.19 子曰：“譬如为山，未成一篑（kuì），止，吾止

也。譬如平地，虽覆一篑，进，吾往也。”

［译］　孔子说：“好比堆土成山，只差一筐土就能成山，如果停下来，那是自己停止的。好比填平土地，即使刚倒下一筐土，仍要努力前进，那是我自己要向前的。”

［读］　本章强调主动进取，自强不息，善始善终。求学、事业如是，人生、民族精神亦如是。

［原文］　9.20 子曰：“语之而不惰者，其回也与。”

［译］　孔子说：“听我讲话而不懈怠的，大概只有颜渊吧！”

［读］　颜渊“好学”，又“于吾言无所不说”(11.4)，所以听得进孔子说的话，听得愉悦而不知懈怠。在“解构”“破旧”为时髦的“后现代”，尤需这种“向师心”，愿意倾听先人教诲。

［原文］　9.21 子谓颜渊，曰：“惜乎！吾见其进也，未见其止也。”

［译］　孔子谈到颜渊，说：“可惜啊！我只见到他不断前进，没见他停止过。”

［读］　本章谈孔子痛惜颜渊生命之短暂，赞赏其不断进取的精神。颜渊成就全在“未见其止也”之坚持。

［原文］　9.22 子曰：“苗而不秀者，有矣夫！秀而不实者，

有矣夫!”

[译] 孔子说:“庄稼出了苗,却不吐穗开花的,有过呀!吐穗、开花却不灌浆结实的,也有过啊!”

[读] 此章言初成必须继续努力,避免“不秀不实”之悲。如下章。

[原文] 9.23 子曰:“后生可畏,焉知来者之不如今也?四十、五十而无闻焉,斯亦不足畏也已。”

[译] 孔子说:“年轻人值得敬畏,怎么知道他们将来不如现在的人呢?一个人到了四十岁、五十岁还没有声誉,那也就不值得敬畏了。”

[读] 孔子以敬畏态度对待年轻人,使以“复古”“倒退”反儒的人失去口实。德业成就的时间尺度也符合实际。“闻”首含德,没有德、仁支撑,才、业即为邪恶。

[原文] 9.24 子曰:“法语之言,能无从乎?改之为贵。巽(xùn)与之言,能无说乎?绎之为贵。说而不绎,从而不改,吾末如之何也已矣。”

[译] 孔子说:“合乎礼法的告诫的话,能不听从吗?改正错误才可贵。听到恭维赞许的话,能不高兴吗?加以分析才可贵。高兴却不分析,表面听从,却不改正,我对他也没什么办法了。”

［读］　前者往往“诫过”，后者往往“称功”。“不改”“不绎”可过上加过，可因功而过，更何况“巽与之言”可能只是虚誉、客套。

［原文］　9.25 子曰：“主忠信，毋友不如己者，过则勿惮改。”

［译］　孔子说：“应以忠心和诚信两种品德为主，不要跟不如自己的人交朋友，有了过错就不要怕改正。”

［原文］　9.26 子曰：“三军可夺帅也，匹夫不可夺志也。”

［译］　孔子说：“一个国家军队的主帅可以夺取，一个普通老百姓却不能剥夺他的志向。”

［读］　这就是独立人格。独立和个性为人格特征，亦人格平等之前提。独立精神、自由思想为人格独立、平等的自然表现。

［原文］　9.27 子曰：“衣敝缊（yùn）袍，与衣狐貉（hé）者立，而不耻者，其由也与？‘不忮（zhì）不求，何用不臧？’”子路终身诵之。子曰：“是道也，何足以臧？”

［译］　孔子说：“穿着破旧絮袍子，和穿着狐裘皮衣的人站在一起，却不以为羞耻的人，当是子路吧？‘不嫉妒，不贪求，怎么会不好？’”子路听后，终生背诵这句诗。孔子说：“仅

仅用这种方法，怎么能足够好?”

［读］人的高贵在人格，在心灵。子路境界远超常人，但有更高境界在前，故诫之。孔子对弟子品格之塑造煞费苦心。

［原文］9.28 子曰:“岁寒，然后知松柏之后凋也。”

［译］孔子说:“天气寒冷以后，才知道松柏是最后凋谢的。”

［读］本章“喻君子也”(《论语注疏》)，是为中华民族性格写照。“岁寒”喻“乱世”之“事难”。生存条件之险恶，内忧外患之频仍，都不能阻挡中华民族生存发展和对人性文明的坚信与坚守，从而形成坚韧之性格，能清醒面对苦难，虽历经曲折而终会走到最后。

［原文］9.29 子曰:“知者不惑，仁者不忧，勇者不惧。”

［译］孔子说:“智慧的人不困惑，仁德的人不忧虑，勇敢的人不畏惧。”

［读］“君子道者三”(14.28)指人格三大要素，《中庸》称为“三达德”，是心理认识、情感、意志过程最早的正向表述。知者认识，“学而知之”(7.20，7.28)；知“天”“命”“礼”“人”等，而达于有思想和判断力，而明智，而智慧。“仁者爱人”(12.22)，“爱人”是人格核心，由“孝弟”至“泛爱众”至物。勇以行仁，要在“学”，遵“礼”而勇为，否则即为“乱”“盗”“不逊”。“六艺”中礼乐育仁，书数育智，御射育勇，培

养建全人格。今人认为人的进化发展,动力在智力,与儒学重智一致。三者知(智)以知仁,勇以行仁,完整统一,否则即分裂,为二重人格。

[原文]　9.30 子曰:“可与共学,未可与适道;可与适道,未可与立;可与立,未可与权。”

[译]　孔子说:“可以跟他一起学习,未必可以跟他一起追求正确做人方法;可以跟他一起追求正确做人方法,未必可以跟他一起立于世;可以跟他一起立于世,未必可以跟他一起权衡变通。”

[读]　从团队合作言,“学、适、立、权”各环节一致,方得成功;四者依次为难,“权”为最。“道”为原则性,“权”为灵活性。据客观具体情况调整具体方法,而不违原则性,为“权”。

[原文]　9.31“唐棣之华,偏其反而。岂不尔思?室是远而。”子曰:“未之思也,夫何远之有?”

[译]　“唐棣树的花呀,翩翩摇摆。怎么不思念你呀,家住得太远。”孔子说:“你没有真的思念啊,有什么遥远呢?”

[读]　《诗经》原作意在思人,可比之学、道,如“我欲仁,斯仁至矣”(7.29)。

乡党第十

10.1 孔子于乡党，恂(xún)恂如也，似不能言者。其在宗庙、朝廷，便便言，唯谨尔。 [原文]

孔子在家乡，温和谦逊，好像不会说话的样子。他在宗庙、朝廷上，说话明确清晰，只是谨慎罢了。 [译]

本篇记述孔子生活工作情形，保留许多可贵细节，叙述理性严谨，两种说话态度足可展现人格风貌。下为职务人格在不同场合仪容之记述。 [读]

10.2 朝，与下大夫言，侃侃如也；与上大夫言，訚(yín)訚如也。君在，踧(cù)踖(jí)如也，与与如也。 [原文]

孔子在朝廷，跟下大夫说话，愉快直率的样子；跟上大夫说话，从容端庄的样子。国君在场，举止恭敬、仪容有度的样子。 [译]

10.3 君召使摈(bìn)，色勃如也，足躩(jué)如也。揖所与立，左右手，衣前后，襜(chān)如也。趋进，翼如也。宾退，必复命曰："宾不顾矣。" [原文]

国君召孔子去接待国宾，他脸色庄重、脚步加快。孔子 [译]

向和他站在一起的傧相作揖,向左、右拱手,礼服前后摆动,很整齐的样子。他快步前进时,衣摆好像鸟儿的翅膀展开一样。宾客辞别后,孔子一定向国君回报说:“客人已经不回头致意了。”

[原文]

10.4 入公门,鞠躬如也,如不容。立不中门,行不履阈(yù)。过位,色勃如也,足躩如也,其言似不足者。摄齐(zī)升堂,鞠躬如也,屏气似不息者。出,降一等,逞颜色,怡怡如也。没阶,趋进,翼如也。复其位,踧踖如也。

[译]

孔子走进朝廷大门,恭敬谨慎的样子,像容不下身子似的。站,不站在门中间;走,不踩门槛。经过国君座位,脸色庄重,脚步加快,说话声音低微。提起衣下摆拾级走上大堂,恭敬谨慎的样子,屏住气,像不呼吸一样。出来,下一级台阶,脸色轻松,舒展愉悦的样子。下完台阶,快步走,像鸟儿展开翅膀一样。回到自己的位置,恭敬谨慎的样子。

[原文]

10.5 执圭,鞠躬如也,如不胜。上如揖,下如授。勃如战色,足蹜(sù)蹜如有循。享礼,有容色。私觌(dí),愉愉如也。

[译]

(孔子出使别国,)手捧玉圭,恭敬谨慎的样子,好像拿不动一样。上举像作揖,向下像给别人。脸色庄重恭敬,碎步像踩着线走。献礼时,满脸和气。以私人身份会见别国君王,显得轻松愉快。

10.6 君子不以绀(gàn)緅(zōu)饰,红紫不以为亵服。当暑,袗(zhěn),絺(chī)绤(xì),必表而出之。缁衣,羔裘;素衣,麑(ní)裘;黄衣,狐裘。亵裘长,短右袂(mèi)。必有寝衣,长一身有半。狐貉之厚以居。去丧,无所不佩。非帷裳,必杀之。羔裘玄冠不以吊,吉月必朝服而朝。 [原文]

孔子不用天青色、青红色做衣服的镶边,不用红色、紫色做便服。盛夏,穿细的、粗的葛布单衣,一定加罩衣才外出。冬天,黑色罩衣配紫羔裘衣,白色罩衣配小鹿裘衣,黄色罩衣配狐裘衣。在家穿的裘衣长一些,右袖子短一些。睡觉定有睡衣,上身的一倍半长。用狐、貉的厚毛皮做坐垫。服丧满后,什么配件都可以佩带。不是上朝和祭祀的整幅布的围裙,一定把它剪裁、缝边。紫羔裘和黑礼帽不在吊丧时穿戴。正月初一一定穿朝服朝见国君。 [译]

本则所述既有礼制要求,也表现出生活品位和文明程度。 [读]

10.7 齐,必有明衣,布。齐,必变食,居必迁坐。 [原文]

斋戒沐浴,一定有用麻布做的浴衣。斋戒时,一定改变平日饮食,迁出平日卧室。 [译]

10.8 食不厌精,脍(kuài)不厌细。食饐(yì)而餲(ài),鱼馁(něi)而肉败,不食。色恶,不食。臭(xiù)恶,不食。失饪,不食。不时,不食。割不正, [原文]

不食。不得其酱,不食。肉虽多,不使胜食气。唯酒无量,不及乱。沽酒,市脯,不食。不撤姜食。不多食。

[译] 食米不嫌舂得精些,切肉不嫌细一些。米饭变臭变味,鱼和肉腐烂,不吃。食物颜色难看,不吃。气味难闻,不吃。烹调不当,不吃。不到饭时,不吃。不按一定方法宰杀的肉,不吃。没有调味的酱,不吃。席上肉即使再多,吃时也不超过主食。只有酒没有定量,但不喝醉。买的酒和肉干,不吃。用餐不撤去姜。不多吃。

[读] 孔子饮食观的首要观点,为"食无求饱"(1.14)和"不多食",其次即一系列的"不食",以保证卫生、郑重和礼仪。"食不厌精"长期被误解,成为口腹享乐的"理论支持",令人遗憾!

[原文] 10.9 祭于公,不宿肉。祭肉不出三日;出三日,不食之矣。

[译] 参加国家祭祀,分得的祭肉不留到第二天。家祭的肉存放不超过三天;超过三天,就不吃它了。

[原文] 10.10 食不语,寝不言。

[译] 用餐时不交谈,睡觉时不说话。

[原文] 10.11 虽疏食、菜羹、瓜,祭,必齐如也。

［译］ 即使用粗饭、菜汤、瓜果祭祀，一定像斋戒一样，郑重恭敬。

［读］ 餐前祭祖，“祭先代始为饮食者”，意为“不忘本也”（朱熹语），为民族元意识传承教育。重在精神，不在祭品。

［原文］ 10.12 席不正，不坐。

［译］ 席子铺得不端正，不坐。

［读］ 此为礼仪所要求。

［原文］ 10.13 乡人饮酒，杖者出，斯出矣。

［译］ 同本乡人喝酒，拄杖的老人先出去，自己才出去。

［读］ 孔子时代，蜡祭礼为敬老乡饮酒会，亦狂欢节，一国“人皆若狂”（《礼记》）。孔子在乡人面前的谦恭，适成人品高下之对照。

［原文］ 10.14 乡人傩（nuó），朝服而立于阼（zuò）阶。

［译］ 乡人举行驱疫鬼仪式，孔子穿着朝服，站在大门东台阶上示意。

［读］ 此则意为敬乡亲、尊民俗。或谓阼阶为家庙东阶。

[原文] 10.15 问人于他邦,再拜而送之。

[译] 孔子向别国友人送礼品问候,向受托者拜两次送行。

[读] “再拜”,既敬使者,亦敬友人。

[原文] 10.16 康子馈药,拜而受之。曰:“丘未达,不敢尝。”

[译] 季康子赠送药给孔子,孔子拜谢后接受了。说:“我不了解药性,不敢试用。”

[读] 受赠食用品,当先尝以示敬意,药品则不同。此亦诚恳表示。

[原文] 10.17 厩(jiù)焚。子退朝,曰:“伤人乎?”不问马。

[译] 马棚失火了。孔子退朝回来,问道:“伤人了吗?”不问马。

[读] “不问马”为记录者述之,以见所重。

[原文] 10.18 君赐食,必正席先尝之。君赐腥,必熟而荐之。君赐生,必畜之。侍食于君,君祭,先饭。

国君赐给食品，一定摆正席位，先尝一尝。国君赐给生肉，一定煮熟，先供奉祖先。国君赐给活畜，一定饲养起来。陪同国君用餐，国君举行餐前祭祀时，先为国君尝饭。 [译]

10.19 疾，君视之。东首，加朝服，拖绅。 [原文]

孔子病了，国君来看望他。他头朝东躺着，把朝服盖在身上，拖着大带。 [译]

此为君臣双方之礼，体现“人合以义”的人格平等关系。 [读]

10.20 君命召，不俟驾行矣。 [原文]

国君派人召见，孔子不等驾好车，就步行先走了。 [译]

此是礼制要求，亦职务人格态度。 [读]

10.21 入太庙，每事问。 [原文]

孔子到了太庙，每件事都要问清楚。 [译]

10.22 朋友死，无所归。曰：“于我殡。” [原文]

朋友去世，没有人收敛。孔子说：“由我来办理丧事。” [译]

朱熹释曰：“朋友以义合，死无所归，不能不殡。”本则 [读]

足见孔子对待朋友之道。

[原文]　10.23 朋友之馈，虽车马，非祭肉，不拜。

[译]　朋友赠送的物品，即使是车辆马匹，只要不是祭祀的肉，孔子就不行礼拜谢。

[读]　此一节言孔子交友之义。朱熹云："朋友有通财之义，故虽车马之重不拜。祭肉则拜者，敬其祖考，同于己亲也。"(《论语集注》)

[原文]　10.24 寝不尸，居不容。

[译]　孔子睡觉时从不四肢直直地仰卧着，平日在家，表情不严肃。

[读]　本则言健康自然之居家生活。

[原文]　10.25 见齐衰者，虽狎，必变。见冕者与瞽者，虽亵，必以貌。凶服者，式之。式负版者。有盛馔，必变色而作。迅雷风烈，必变。

[译]　孔子看见穿丧服的人，即使关系很亲密，也一定脸色变得凝重。看见戴礼帽的人和盲人，即使很熟悉，也一定有礼貌。在车上遇见穿丧服的人，就手抚车前横木，倾身致意。遇见背负国家图籍的人，也手扶车前横木致意。凡有丰盛宴席，一定神态郑重，站起来致意。遇到迅雷、大风，一定变

得严肃。

[读] 此则言孔子路上或车上见到四种人及生活中的两种情况，由“爱人”（12.22）派生之同情、尊重、感激、谨慎诸情貌，为人格修养之自然展现。“古者邦国土地、人民、户口、车服、礼器，皆有图”（《论语正义》）。“冕者”为公务人员，代表国家，故致意。

[原文] **10.26 升车，必正立，执绥。车中，不内顾，不疾言，不亲指。**

[译] 孔子上车前一定端端正正站好，抓着扶手上车。在车中，不回头看，不快速说话，不用手指画。

[读] 此则意在指示理性、严谨生活态度在乘车上的表现，如不遵守可能引起麻烦。

[原文] **10.27 色，斯举矣；翔，而后集。曰：“山梁雌雉，时哉！时哉！”子路共之，三嗅而作。**

[译] 山鸡听见人的动静，就飞了起来；飞翔了一阵，又落到一处。孔子说：“山梁上的母山鸡，得时宜啊！得时宜啊！”子路向山鸡拱手，山鸡几次低头后，高飞起来。

[读] “时哉”指雉之适时反应。时，得时、时中、时宜，为重行的儒学重要观念，是行的客观规定条件。师生路上所遇，借以体悟人生要义，以作为上编之收束，似呼应首章“时

习”，耐人寻味。上编重在本人人格，庄子称为“内圣”。实孔子未许自己和时人为“仁”，更不要说“圣”；而强调学习践行，强调谦德，在不断进取中建立人格。先人告诫要“慎独”（《大学》），如今尤要“慎群”。种种群体，从国家、种族、阶级、组织，到班组、家族等，都对个体发生重要影响；既可以正向而成仁成义，也可以负向而扭曲堕落。要切记人格即个性，人格即尊严，人格即创造，人格即成就。同时，保持人格的独立与尊严，亦是对人类文明的捍卫与贡献。

先进第十一

11.1 子曰："先进于礼乐，野人也；后进于礼乐，君子也。如用之，则吾从先进。" [原文]

孔子说："先学习礼乐文化后有官位的，是平民百姓；后学习礼乐文化先有官位的，是世袭卿大夫子弟。如果任用的话，那么我选先学习礼乐文化的平民百姓。" [译]

本章主张"学而优则仕"(19.13)，反对世袭制。野人与君子对举，本义农民，可宽泛至平民百姓。 [读]

11.2 子曰："从我于陈、蔡者，皆不及门也。" [原文]

孔子说："跟着我在陈地、蔡地受困的学生，都不在我这里了。" [译]

厄于陈蔡时，孔子六十一岁。当其七十以后，"不忘其相从患难之中也"。 [读]

11.3 德行：颜渊、闵子骞、冉伯牛、仲弓。言语：宰我、子贡。政事：冉有、季路。文学：子游、子夏。 [原文]

孔子的学生中品德行为优异的：颜渊、闵子骞、冉伯牛、 [译]

仲弓。擅长语言辞令的：宰我、子贡。擅长政务的：冉有、子路。擅长古文献的：子游、子夏。

[读]　夫子认定诸弟子品行，学生述之，称“四科十哲”，影响深远。德行含品德和行为，四科首要而贯之各科；十哲各举优异而各科皆通。其成就是鲜明个性之展现，如德行科颜子本人人格最优，闵子以孝闻名，冉子苦修为著，仲弓职务人格为最。个性即人格标志，亦成就保证。

[原文]　**11.4 子曰：“回也非助我者也，于吾言无所不说。”**

[译]　孔子说：“颜渊不是对我有帮助的人啊，对我的话没有不喜欢的。”

[读]　儒学思想体系的进取性、开放性要求“内自省”(4.17)、“内自讼”(5.27)，并接受外部批判，以“有过人必知之”为“幸”(7.31,19.21)。同时，基于“相近”的“人性”(17.2)，人人都有性格缺陷和不足。不提问题，不肯直言，即颜渊的缺点；前章刚称“德行”之首，紧接以指出不足，意在没有例外。孔子认为自己非“圣与仁”(7.34)，国君亦“固”，要批判，“疾固也”(14.32)。既无完人，则不可“求备焉”“求备于一人”(13.25,18.10)。而要想达于“仁”，路途十分遥远，因而自国君至平民，都要在内外批判中努力做人，做君子，做有恒者。从教学言，鼓励学生参与，思考提问，如“告诸往而知来者”的(1.15)子贡，“起予者商也”(3.8)的子夏，真率的子路，善问的宰我。

11.5 子曰:“孝哉!闵子骞。人不间于其父母昆弟之言。” [原文]

孔子说:“闵子骞真孝顺啊!人们对于他的父母兄弟称赞他的话,从来没有非议。” [译]

《韩诗外传》等记载:继母给闵子以芦苇花代绵絮做棉衣,父欲休之。闵子说:“母在一子单,母去三子寒。”继母为之感动,后为慈母。其墓在济南市区内,并有闵子骞路。 [读]

11.6 南容三复“白圭”,孔子以其兄之子妻之。 [原文]

南容反复诵读《诗经》中“白圭之玷”句,孔子把哥哥的女儿嫁给他。 [译]

《史记》将“子谓南容章”(5.2)与本章连引。邢昺《论语注疏》云此与“弟子各有所闻”指一事。 [读]

11.7 季康子问:“弟子孰为好学?”孔子对曰:“有颜回者好学,不幸短命死矣,今也则亡。” [原文]

季康子问道:“你学生中谁爱好学习?”孔子回答说:“有个叫颜渊的好学,不幸短命死了,现在就再没有了。” [译]

孔子视“好学”甚严(1.14),学生中独许颜子,可见其人格修养的典范作用。 [读]

［原文］

11.8 颜渊死，颜路请子之车以为之椁（guǒ）。子曰：“才不才，亦各言其子也。鲤也死，有棺而无椁。吾不徒行以为之椁，以吾从大夫之后，不可徒行也。”

［译］

颜渊去世，他的父亲颜路请求孔子卖车子给颜渊做个外椁。孔子说：“不管有没有才能，说来都是各自的儿子。孔鲤去世，有内棺无外椁。我不能卖掉车为他做外椁，因为我随从大夫参与国政，不可以步行。”

［读］

时孔子七十一岁，前三年，鲁“以币召之，乃归”，“子为国老，待子而行”（《左传·哀公十一年》）。孔子参与国政，当在现职大夫之后。与陈恒弑君章“吾从大夫之后”（14.21）同之。

［原文］

11.9 颜渊死，子曰：“噫！天丧予！天丧予！”

［译］

颜渊去世。孔子说：“唉！老天毁灭我！老天毁灭我！”

［读］

“丧予”指孔子唯恐道之不传。

［原文］

11.10 颜渊死，子哭之恸（tòng）。从者曰：“子恸矣！”曰：“有恸乎？非夫人之为恸而谁为？”

［译］

颜渊去世，孔子哭得太过伤心。跟随的人说：“您太过伤心了！”孔子说：“是太过伤心了吗？不为这样的人太过伤心，还为谁呢？”

11.11 颜渊死，门人欲厚葬之。子曰：“不可。”门人厚葬之。子曰：“回也视予犹父也，予不得视犹子也。非我也，夫二三子也。” ［原文］

颜渊去世，学生们想厚葬他。孔子说：“不可以。”学生们厚葬了他。孔子说：“颜渊看待我像父亲一样，我却不能像儿子一样看待他。不是我的缘故，那些学生们做的啊。” ［译］

孔子不提倡厚葬，主张“宁俭”“宁戚”（3.4）；而且家贫厚葬亦违礼，故不许。连续四章记“颜渊死”，令人震撼！颜子去世是重大事件，他短暂而光辉的一生，没有职务，没有著作，但以其卓越的本人人格修养影响着中华民族，成为民族元意识史、中国人心灵史上的丰碑。 ［读］

11.12 季路问事鬼神。子曰：“未能事人，焉能事鬼？”曰：“敢问死？”曰：“未知生，焉知死？” ［原文］

子路问服侍鬼神的方法。孔子说：“不能服侍人，怎能服侍鬼神呢？”又问：“我大胆请问死是怎么回事？”孔子说：“不懂得生，怎么懂得死呢？” ［译］

子路所问亦人的常见疑问，孔子所答为世界观此岸性决定，与“子不语”（7.20）、“敬鬼神而远之”（6.22）一致。“知生”即知“做人”。做“君子”“仁人”，全书所论甚多，如 ［读］

"人之生也，直"(6.19)、"志士仁人，无求生以害仁，有杀身以成仁"(15.9)等。

［原文］

11.13 闵子侍侧，訚訚如也；子路，行(hàng)行如也；冉有、子贡，侃侃如也。子乐。"若由也，不得其死然。"

［译］

闵子骞侍立在孔子身旁，从容端庄的样子；子路，刚强直率的样子；冉有、子贡，温和快乐的样子。孔子很高兴。他又说："像子路这样，怕不得善终吧。"

［读］

郑玄云"乐各尽其性"，"唯各尽其性，斯有所成立"(《论语正义》)。鲜明个性，为人格基本特征，为创造力之保证。

［原文］

11.14 鲁人为长府。闵子骞曰："仍旧贯，如之何？何必改作？"子曰："夫人不言，言必有中(zhòng)。"

［译］

鲁国季氏三家要改建叫长府的金库。闵子骞说："保持原有规格怎么样？为什么一定要改建呢？"孔子说："这个人不说话，一说话一定切中要害。"

［读］

王船山云"鲁人僭为王者之府明矣"，闵子谏之，故而"鲁人"仅修缮而已。"一言而数善"，故孔子赞之(《论语集释》)。

11.15 子曰:“由之瑟奚为于丘之门?”门人不敬子路。子曰:“由也,升堂矣,未入于室也。” [原文]

孔子说:“在我门下,子路怎么弹出这种音调的瑟呢?”同学们因而不尊敬子路。孔子说:“子路嘛,已经进入大厅了,还没进入室内啊。” [译]

子路鼓瑟,有北鄙杀伐之声,故孔子抑之。子路惧而自悔,静思不食,以至于骨立(《说苑》)。此为音乐涵养人性、塑造人格具体例证,对我们尤有指导意义。 [读]

11.16 子贡问:“师与商也,孰贤?”子曰:“师也过,商也不及。”曰:“然则师愈与?”子曰:“过犹不及。” [原文]

子贡问:“子张和子夏,谁好些?”孔子说:“子张嘛,有些过度;子夏嘛,有些不够。”子贡说:“那么就是子张好些了?”孔子说:“过度和不够同样不好。” [译]

过、不及,指气质钝敏。中道是儒学最高原则,主张凡事有度。才高意广、避过不止、重外在规范的子张常或过之,笃实又偏疏阔、重内心情志的子夏常或不及。两人俱不得中,不合度。而子贡以“过”者为“愈”。世人通常如此,值得深思。 [读]

11.17 季氏富于周公,而求也为之聚敛而附益 [原文]

之。子曰:“非吾徒也!小子鸣鼓而攻之,可也。”

[译] 季氏比鲁国公室还富有,可是冉有还在为他搜刮,增加更多的财富。孔子说:“冉有不是我的学生了!同学们可以大张旗鼓地去声讨他。”

[读] 当时鲁四分公室,季氏取其二,故富于鲁公。《左传·哀公十一年》:季氏欲加田税,使冉有访孔子。孔子说:“施取其厚,事举其中,敛从其薄。”而次年季氏即加税,即本章事。孔子以民为本,反对加重百姓负担,主张“富民”,为仁政基本观念。

[原文] 11.18 柴也愚,参也鲁,师也辟,由也喭(yàn)。

[译] 高柴嘛,愚笨;曾参嘛,迟钝;子张嘛,偏激;子路嘛,鲁莽。

[读] 孔子屡屡指出弟子们性格缺陷,包括子贡、颜渊。这就使情况普遍化,而成为基本的认识前提;看不到这个基础,仁学就会失去意义。正因人人有缺陷,非完人,故须学习,须谦恭,须不断努力进取。自视神圣、完美,不过自欺欺人而已。弟子个性之巨大反差,表明相应的自由包容空间是鲜活个性的生存条件,包括家庭、学校、社会。

[原文] 11.19 子曰:“回也,其庶乎,屡空。赐不受命,而货殖焉,亿则屡中。”

孔子说:“颜渊嘛,道德学问也差不多了,可常常贫困。子贡未受官命,自己做生意,猜测行情却常常猜中。” [译]

孔子评二子而兼社会。政治清明社会,“爵以居有德,禄以养有功”(《中论》),就不会有颜子之“空”。当时商皆官任命,曰“商贾”;非官任命,曰“货殖”。子贡因而入《史记·货殖列传》。“有开必先”,著名的“财神”陶朱公“由此起也”(《论语正义》)。这说明子贡敢为天下先的开创精神以及社会的自由发展度。孔子对子贡持肯定态度,主张货物流通,反对“怀土”(4.11),说明不反对私人经商,更不要说国家授命之商。 [读]

11.20 子张问善人之道。子曰:“不践迹,亦不入于室。” [原文]

子张问民间行善好人的特点。孔子说:“不跟着一般人的路子走,但学问道德也做不到家。” [译]

“善人”者,通常是指民间一生行善的大好人,有很大的社会影响力,直到如今,依然存在。由于“质美”有爱心而“不践迹”,不同于一般人的“不为恶”而已;然“未学”,于“学理”未通,故“不入于室”。 [读]

11.21 子曰:“论笃是与,君子者乎?色庄者乎?” [原文]

孔子说:“人们赞许言论笃实的人,这种人是有道德修 [译]

养的人呢,还是表面庄严的人呢?"

[读]　此章意在教导人们"不以言、貌取人"。要分辨表里不一的二重人格,从"口蜜腹剑"的政治家,到生活中形形色色的骗子,都要"听其言而观其行"(5.10)。

[原文]　11.22 子路问:"闻斯行诸?"子曰:"有父兄在,如之何其闻斯行之?"冉有问:"闻斯行诸?"子曰:"闻斯行之。"公西华曰:"由也问'闻斯行诸',子曰,'有父兄在';求也问'闻斯行诸',子曰'闻斯行之'。赤也惑,敢问。"子曰:"求也退,故进之;由也兼人,故退之。"

[译]　子路问:"听到就行动吗?"孔子说:"父兄健在,怎么能听到就行动呢?"冉有问:"听到就行动吗?"孔子说:"听到就行动。"公西华说:"子路问'听到就行动吗',您回答'有父兄在';冉有问'听到就行动吗',您回答'听到就行动'。我感到困惑,大胆请问。"孔子说:"冉有退缩,所以鼓励他;子路勇敢超人,所以节制他。"

[读]　此章为"因材施教"典型案例。"长善而救其失者也。"(《礼记·学记》)是为人格学教育,而非标准答案式之模板化。"闻",泛指当行之事理,包括义行。公西华善学而喜追问之。

[原文]　11.23 子畏于匡,颜渊后。子曰:"吾以女为死矣。"曰:"子在,回何敢死?"

[译] 孔子在匡地被围困，颜渊最后才逃出来。孔子说：“我以为你死了。”颜渊说：“您健在，我怎么敢死呢？”

[读] “何敢死”之说，谓以师犹“父”（11.11）而不轻身赴斗。“颜渊后”令人遐想。“仁者必有勇”（14.4），有为老师断后可能；抑或所遇更惊险而显智慧。知、仁、勇兼备，才成为孔子“具体而微”的人格学典范。

[原文] 11.24 季子然问：“仲由、冉求可谓大臣与？”子曰：“吾以子为异之问，曾由与求之问。所谓大臣者，以道事君，不可则止。今由与求也，可谓具臣矣。”曰；“然则，从之者与？”子曰：“弑父与君，亦不从也。”

[译] 季子然问：“子路和冉有可以说是大臣吗？”孔子说：“我以为你是问别人，竟然是问子路和冉有啊。所谓大臣，按照正确的原则侍奉君主，行不通就辞职。现在子路和冉有可以说是称职的臣属吧。”季子然又问：“那么，是顺从上级的人了？”孔子说：“弑父弑君是不顺从的。”

[读] “以道事君”为“大臣”职务人格之原则；“不可则止”“诤不从，得去”（《论语正义》），以君臣与朋友俱“人合”义，不仅人格平等，亦可互相选择。类似邦联制的春秋战国时即如此，或季氏刚任用二子为臣时所问。对“化家为国”（《论语集释》）之季氏，明大义而折之；对二子则期作“大臣”。

［原文］

11.25 子路使子羔为费宰。子曰："贼夫人之子。"子路曰："有民人焉，有社稷焉，何必读书，然后为学？"子曰："是故恶夫佞者。"

［译］

子路让高柴去做费邑的长官。孔子说："这是害了这个孩子。"子路说："在那里有百姓，有土地和五谷，为什么一定要读书才算是求学啊？"孔子说："因此我讨厌巧言狡辩的人。"

［读］

时子路为季氏家臣，费属季氏，故有此议。读书、实践，两种学习方法不能互代，必先"学（读书）而后入政"（《左传》），故孔子斥其"佞"。"读书"二字由子路说出，令人振奋，或为最早之例。书是人类智慧结晶，记录着人类文明和认识的进程与高度。读书与实践是人类文明创造之双翼。

［原文］

11.26 子路、曾皙、冉有、公西华侍坐。子曰："以吾一日长乎尔，毋吾以也。居则曰：'不吾知也！'如或知尔，则何以哉？"子路率尔而对曰："千乘之国，摄乎大国之间，加之以师旅，因之以饥馑；由也为之，比及三年，可使有勇，且知方也。"夫子哂（shěn）之。"求！尔何如？"对曰："方六七十，如五六十，求也为之，比及三年，可使足民。如其礼乐，以俟君子。""赤！尔何如？"对曰："非曰能之，愿学焉。宗庙之事，如会同，端章甫，愿为小相焉。""点！尔何如？"鼓瑟希，铿尔，舍瑟而作，对曰："异乎三子者之撰。"

子曰："何伤乎？亦各言其志也。"曰："暮春者，春服既成，冠者五六人，童子六七人，浴乎沂，风乎舞雩(yú)，咏而归。"夫子喟然叹曰："吾与点也！"三子者出，曾皙后。曾皙曰："夫三子者之言何如？"子曰："亦各言其志也已矣。"曰："夫子何哂由也？"曰："为国以礼，其言不让，是故哂之。""唯求则非邦也与？""安见方六七十如五六十而非邦也者？""唯赤则非邦也与？""宗庙会同，非诸侯而何？赤也为之小，孰能为之大？"

[译]

子路、曾皙、冉有和公西华陪着孔子坐着。孔子说："因为我年纪比你们大一些，你们不要太在意嘛。平时你们总是说：'没有人了解我啊！'假如有人了解你们，那怎么样呢？"子路急忙回答道："有一千辆兵车的国家，夹在大国中间，外有军队侵犯，内有连年饥荒。我去治理，三年下来，就可以使百姓勇敢，而且懂得道义。"孔子朝子路微微一笑。又问："冉有！你怎么样？"冉有回答说："边界六七十里，或五六十里的土地，让我治理，三年下来，可以使百姓吃饱穿暖。至于文明规范和诗乐教育，只有等待有道德有修养的人了。"孔子又问："公西华！你怎么样？"公西华回答说："不敢说能胜任，我愿学习。宗庙祭祀或同外国会盟，我愿穿着礼服，戴上礼帽，当个小司仪。"孔子又问："曾皙！你怎么样？"曾皙放慢弹瑟的节奏，"铿"的一声放下瑟，站起来回答说："我和三位述说的不一样。"孔子说："有什么妨碍呢？也不过各自谈谈志向吧。"曾皙说："晚春时节，春装已经穿上，相约五六个成年人，六七个少年，到沂水河边洗洗澡，到舞雩坛上吹吹风，一路唱着歌走回来。"孔子长叹一声说:“我赞成曾皙啊!”三个人出去了,曾皙走在后面。曾皙问道:“那三位同学的话怎么样?”孔子说:“也就是各自说说自己的志向罢了。”曾皙说:“老师为什么笑子路呢?”孔子说:“治理国家依靠文明规范,他的话不谦让,所以笑他。”曾皙问:“那么冉有讲的不是国家吗?”孔子说:“怎么见得边界六七十里或五六十里的土地,不是国家呢?”曾皙问:“那么公西华讲的不是国家吗?”孔子说:“有宗庙祭祀和同外国会盟,不是诸侯国是什么?公西华来当算小司仪,谁来当能算大司仪?”

[读] 本章试提出二要点以供讨论:其一,夫子何以“哂”子路?“为国以礼”“礼让为国”(4.13),所“哂”与治国内容有关,不止发言态度。子路提出的治理条件较高。一是大国且内外交困,二是其治理项目广泛,目标极高:“有勇”而含“足民”,“知方”而懂道义,且含礼乐。二子则接受子路教训,治国目标降低。冉有治理范围小,仅“足民”一项,且明确提出自己无力进行高层次“礼乐”教育。公西华则仅“愿学”,做司仪即可。二子均属点名发言,足够谦恭。“礼让为国”为仁学政治基本方针,但现实是,上“固”(14.32)而不让,下则“中庸之为德……民鲜久矣”(6.29)。实行仁政变革谈何容易?孔子所“哂”为青年通病,“狂简”(5.22)一例而已。其二,何以“与点也”?曾皙在书中仅此一见,而彩头独得。他年居第二,必夫子使之弹瑟,而最后点名发言。但他心全在讨论,最有心的是单独向老师提问,引出夫子点评,使讨论更深入、完整,并以其“独知时也”“乐道”“自知之明”,而得夫子赞许。此为“用行舍藏”(7.11)、“无可无不可”(18.8)之现实通达态度,为坚守人格学积极

健康生活之常态，为传播仁学思想之儒士、知识分子本色。孔子与同门学子、后生的活动，正是礼乐、人格学教育，发生着巨大的社会作用。然而夫子“喟然而叹”，包含无限深情，由“哂”而“与”，都透露着对现实政治的无奈。同时，前者由“千乘”而“小相”，为“行”之坚守；后者则为“藏”之不舍，夫子亦为之赞叹。这正是儒学“韧”之精神所在。

颜渊第十二

[原文]

12.1 颜渊问仁。子曰："克己复礼为仁。一日克己复礼，天下归仁焉。为仁由己，而由人乎哉？"颜渊曰："请问其目。"子曰："非礼勿视，非礼勿听，非礼勿言，非礼勿动。"颜渊曰："回虽不敏，请事斯语矣。"

[译]

颜渊问怎样有人格。孔子说："约束自己，符合文明规范，就有人格。一天约束自己，符合文明规范，世上的人都会归心向往人格。建立人格全靠自己，还靠别人吗？"颜渊说："请问约束自己符合文明规范的条目。"孔子说："不合乎文明规范的不看，不合乎文明规范的不听，不合乎文明规范的不说，不合乎文明规范的不做。"颜渊说："我虽然不聪明，请让我照着这些话去做吧。"

[读]

《左传》记载孔子说："古也有志：克己复礼，仁也。"克己复礼为成语。仁就是社会对人的文明规范。而一旦自己能"复礼为仁"，将"天下归仁"，因而强调"为仁由己"，从自我做起。同时，孔子对颜渊提出看似平常的"四勿"，颇有深意。那就是任何人都要从最基本的文明规范做起，否则即可能"君子去仁"（4.5），而"四勿"正是最容易失守的。从"志于道"章（7.6）、"兴于诗"章（8.8）所阐述而形成的人性文明上升线看，更易理解，人性上升难而下降易。

12.2 仲弓问仁。子曰："出门如见大宾，使民如承大祭。己所不欲，勿施于人。在邦无怨，在家无怨。"仲弓曰："雍虽不敏，请事斯语矣。" [原文]

仲弓问怎样有人格。孔子说："出门办事像会见贵宾一样，使用百姓像承担重大祭祀一样。自己不想要的，不加给别人。在诸侯国里不招致抱怨，在卿大夫封地不招致抱怨。"仲弓说："我虽然不聪明，请让我照着这话去做吧。" [译]

孔子对颜渊强调本人人格，对仲弓则强调职务人格。"己所不欲，勿施于人"亦见于《管子》，为传统理念，是仁学思想中人格平等的要求。 [读]

12.3 司马牛问仁。子曰："仁者，其言也讱(rèn)。"曰："其言也讱，斯谓之仁已乎？"子曰："为之难，言之得无讱乎？" [原文]

司马牛问怎样有人格。孔子说："有人格的人说话迟钝。"司马牛说："说话迟钝，这就叫有人格了吗？"孔子说："做起来难，说话能不迟钝吗？" [译]

"志浅则言疏，思深则言讱。"(王弼语)司马牛"多言而躁"(《史记》)，所以孔子劝其以"讱"；再言"为之难"，告诫其要潜身实践，要点在此。 [读]

12.4 司马牛问君子。子曰："君子不忧不惧。" [原文]

曰:“不忧不惧,斯谓之君子已乎?”子曰:“内省不疚,夫何忧何惧?”

[译]　司马牛问怎样做有道德修养的人。孔子说:“有道德修养的人不忧虑、不恐惧。”司马牛说:“不忧虑、不恐惧,这就叫有道德有修养的人了吗?”孔子说:“自己反省,问心无愧,有什么忧虑和恐惧的呢?”

[读]　“内省不疚”即“坦荡荡”之“君子”言行。此处又提“内省”(1.4,4.17),为做人之必修课。凡人祸必有“个人”责任,故自觉自省外,要有阳光机制确保人格监督透明。

[原文]　12.5 司马牛忧曰:“人皆有兄弟,我独亡。”子夏曰:“商闻之矣:死生有命,富贵在天。君子敬而无失,与人恭而有礼,四海之内,皆兄弟也。君子何患乎无兄弟也?”

[译]　司马牛忧虑地说:“别人都有兄弟,唯独我没有。”子夏说:“我听说过:死生由大自然确定,财富和社会地位顺其自然。有道德修养的人敬业而没有疏失,对人谦恭又有礼节,那么人类之间都是兄弟啊。有道德修养的人何必担心没有兄弟呢?”

[读]　四海即天下,实指中国,泛指人类。人类之间为兄弟,是儒学“仁者爱人”(12.22)、“泛爱众”(1.6)思想的体现。仁爱面向一切人,尽管爱有等差,如《孟子·梁惠王上》所说“老吾老以及人之老,幼吾幼以及人之幼”,张载所云

“民，吾同胞；物，吾与也”。

［原文］

12.6 子张问明。子曰：“浸润之谮（zèn），肤受之愬，不行焉，可谓明也已矣。浸润之谮，肤受之愬，不行焉，可谓远也已矣。”

［译］

子张问怎样算明智。孔子说：“像水的浸润那样的坏话，像切肤之痛那样的诬告，在自己这里都行不通，可以说明智了。像水的浸润那样的坏话，像切肤之痛那样的诬告，在自己这里都行不通，可以说有远见了。”

［读］

孔子所说的两种“谮愬”方法，一为渐生，一为急成；明察而“德行高远”（《论语集解》），则不会在自己身上发生。

［原文］

12.7 子贡问政。子曰：“足食，足兵，民信之矣。”子贡曰：“必不得已而去，于斯三者何先？”曰：“去兵。”子贡曰：“必不得已而去，于斯二者何先？”曰：“去食。自古皆有死，民无信不立。”

［译］

子贡问怎样治理政事。孔子说：“粮食充足，军备充足，百姓信任政府。”子贡说：“迫不得已，一定要去掉一项，在这三项中哪项先去？”孔子说：“去掉军备。”子贡说：“迫不得已一定要去掉一项，在这两项中哪项先去？”孔子说：“去掉粮食。自古以来人都要死，没有百姓信任，政府就立不住。”

［读］

此章孔子强调无信不能立国。“斩木为兵，揭竿为旗，陈涉以此敌强秦之势”，则军备不足以立国。隋唐“财货充盈，米积如山，战将林立，甲骑云屯，不免国亡家破者，人心不属故也”（《论语集释》），则足食不足以立国。“人心不属”即百姓不信任政府，则国亡。

［原文］ 12.8 棘子成曰：“君子质而已矣，何以文为？”子贡曰：“惜乎！夫子之说君子也。驷不及舌。文犹质也，质犹文也。虎豹之鞟（kuò），犹犬羊之鞟。”

［译］ 棘子成说：“有道德修养的人为人质朴就够了，要文采做什么？”子贡说：“先生这样谈有道德修养的人，令人遗憾！一言既出，驷马难追。文采和质朴一样，质朴和文采一样。去掉有花纹的毛，虎豹的皮和狗、羊的皮是一样的。”

［读］ 文质彬彬，然后君子（6.18），二者融合一致；忽视“文”的修养，是较普遍的错误。

［原文］ 12.9 哀公问于有若曰：“年饥，用不足，如之何？”有若对曰：“盍‘彻’乎？”曰：“二，吾犹不足，如之何其‘彻’也？”对曰：“百姓足，君孰与不足？百姓不足，君孰与足？”

［译］ 鲁哀公向有若问道：“荒年收成不好，用度不够，怎么办？”有若回答说：“为什么不实行十分取一的税率呢？”哀公说：“十分取二，我还怕不够用，怎么能实行十分取一呢？”有若说：“百姓充足了，国君谁会不充足？百姓不充足，国君谁会充足？”

[读] 此章言“君民一体”，告诫君王应以民为本。《说苑·政理》记载孔子有过“政有使民富且寿”之语，《孔子家语·贤君》则言孔子说过“薄赋敛，则民富矣”，故《荀子·富国》有言：“故田野县鄙者，财之本也。垣窌仓廪者，财之末也。”

[原文] 12.10 子张问崇德、辨惑。子曰：“主忠信，徙义，崇德也。爱之欲其生，恶之欲其死；既欲其生，又欲其死，是惑也。‘诚不以富，亦只以异’。”

[译] 子张问怎样提高品德和释疑辨惑。孔子说：“依靠忠诚守信，使思想合乎道义，这样就能提高品德了。爱他就愿他活，厌恶他就愿他死；又愿他活，又愿他死，这就是迷惑了。‘这样实在没有好处，只不过显得特殊罢了’。”

[读] “主忠信则本立，徙义则日新。”（《四书集注》）爱欲其生、恶欲其死的极端情绪不乏事例，现实生活中往往由主观之“惑”，诉诸客观之“行”，而造成严重后果，乃至犯罪。在感情生活和社会交往中，应牢记做人准则，互相尊重。

[原文] 12.11 齐景公问政于孔子。孔子对曰：“君君，臣臣，父父，子子。”公曰：“善哉！信如君不君，臣不臣，父不父，子不子，虽有粟，吾得而食诸？”

[译] 齐景公向孔子问怎样治理政事。孔子回答说：“君行君道，臣行臣道，父行父道，子行子道。”齐景公说：“好啊！果真君不行君道，臣不行臣道，父不行父道，子不行子道，即使

有小米,我能吃得上它吗?”

[读]　“君君臣臣”之论已见于管子,管仲曾云:“君不君则臣不臣,父不父则子不子。”孔子正面提出此观点,以强调社会有序发展、变革。“礼”的实质在“让”(4.13)。“伦,序也”,五伦中君、父为最重要社会关系中的强势一方,不能率先守文明规范、主动礼让而“不君,不父”,就会“臣不臣,子不子”,而暴“力”混“乱”(7.20)。长者垂范为人格学定则,在方法上为“正名”;不仅政事,做人亦须具体运用,所谓“一以贯之”(13.3,4.15,15.3)。

[原文]　12.12 子曰:“片言可以折狱者,其由也与!”子路无宿诺。

[译]　孔子说:“据一方之词就可以断案的,大概只有子路吧!”子路履行诺言从不拖延。

[读]　此章言以子路忠信“闻于天下”之影响力,而无诬妄之“单词”,故可“片言折狱”;且其断必“明决”公正,能察清案情,方得孔子赞许。其对诺言的态度,即做人的态度。二者从不同角度反映子路为人,虽以“勇”“果”为最,而“仁”“智”俱兼,故为“政事”高材(5.7,6.8,11.3)。子路是一面镜子。

[原文]　12.13 子曰:“听讼,吾犹人也。必也使无讼乎!”

孔子说："审理诉讼，我和别人差不多。一定使诉讼不发生才好啊！" [译]

朱熹曾说"礼者禁将然之前，法者禁已然之后"，所以"无讼"为本，"听讼"为末。唯实行"礼让为国"（4.13）以及"中庸"之"德"（6.29），普遍提高人格学水平，可达于"无讼"之和谐。 [读]

12.14 子张问政。子曰："居之无倦，行之以忠。" [原文]

子张问怎样治理政事。孔子说："身在职位不懈怠，执行政务忠心不二。" [译]

此章言从政职务人格。《大戴礼记》记载孔子答子张问为官之道云："故非忠信，则无可以取亲于百姓矣；外内不相应，则无可以取信者矣。"孔子说"外内相应"，即职务人格（外）与个人人格（内）一致，这才是取得信任的依据。 [读]

12.15 子曰："博学于文，约之以礼，亦可以弗畔矣夫！" [原文]

孔子说："君子广泛地学习文献，再用礼节来约束，也就可以不离经叛道了。" [译]

12.16 子曰："君子成人之美，不成人之恶。小人反是。" [原文]

[译]　孔子说："有道德修养的人成全别人的好事，不促成别人的坏事。没有道德修养的人与此相反。"

[读]　《论语集释》释为："一成一不成，各自肖其本心。"

[原文]　**12.17 季康子问政于孔子。孔子对曰："政者，正也。子帅以正，孰敢不正？"**

[译]　季康子向孔子问怎样治理政事。孔子回答说："政，就是端正。您率先端正自己的行为，谁敢不端正呢？"

[读]　正，即《大学》所言修身之义，是对职务者个人人格的概括要求，为职务人格之保证。仁政即人格学政治。

[原文]　**12.18 季康子患盗，问于孔子。孔子对曰："苟子之不欲，虽赏之不窃。"**

[译]　季康子苦于盗贼太多，向孔子求教。孔子回答说："只要您没有贪欲，即使奖赏他们，也没有人去偷盗。"

[读]　此章言上不欲则下"有耻"。孔安国曰："言民化于上，不从其令，从其所好。"《左传·桓公二年》则曰："国家之败，由官邪也。官之失德，宠赂彰也。"

[原文]　**12.19 季康子问政于孔子，曰："如杀无道，以就有道，何如？"孔子对曰："子为政，焉用杀？子欲善**

而民善矣。君子之德风,小人之德草。草上之风,必偃。"

[译] 季康子向孔子问怎样治理政事,说:"杀掉坏人来促使百姓做好人,怎么样?"孔子回答说:"您治理政事,怎么能用杀人呢?您向善行好,那么百姓就向善行好了。领导者的品德好像风,百姓的品德好像草。风吹到草上,草一定倒。"

[读] 此章强调道德和人格影响力,并提出"焉用杀"之说。尊重生命为仁学根本原则。孟子云:"杀一不辜而得天下,不为也。""王者有易政而无易国,有易吏而无易民。"最能说明仁学政治性质。而"民为不义,则上失其道""百姓不治,有司之罪"(《论语集释》),则把德政看成职责,若不能正面使"民善之矣",则追究在位者责任。春秋时即有例。

[原文] 12.20 子张问:"士何如斯可以谓之'达'矣?"子曰:"何哉?尔所谓'达'者?"子张对曰:"在邦必闻,在家必闻。"子曰:"是'闻'也,非'达'也。夫'达'也者,质直而好义,察言而观色,虑以下人。在邦必达,在家必达。夫'闻'也者,色取仁而行违,居之不疑。在邦必闻,在家必闻。"

[译] 子张问:"知识分子怎样才可以叫做通达呢?"孔子说:"你说的通达是什么意思啊?"子张回答说:"在诸侯国一定有名,在卿大夫封地一定有名。"孔子说:"这是有名气啊,不是通达啊。所谓通达,秉性正直,主持正义,善于理解别

人的话,体察别人的情绪,凡事让谦,居人下位。那么在诸侯国一定通达,在卿大夫封地一定通达。至于所谓有名望,表面上讲人格,而行动上却违背,自己却甘居虚伪,不加疑虑。那么在诸侯国一定有名气,在卿大夫封地一定有名气。"

[读] 此章为正名一例。有实有名为达,有名无实为闻,正如《论语正义》所云:"闻乃圣人所深恶。"

[原文] 12.21 樊迟从游于舞雩之下,曰:"敢问崇德,修慝(tè),辨惑。"子曰:"善哉问!先事后得,非崇德与?攻其恶,无攻人之恶,非修慝与?一朝之忿,忘其身以及其亲,非惑与?"

[译] 樊迟跟从孔子在舞雩坛下游玩,说:"请问怎样提高品德,消除恶念和明辨迷惑?"孔子说:"问得好啊!先付出劳动,然后获得回报,不就提高品德了吗?批判自己的缺点错误,不批判别人的缺点错误,不就消除恶念了吗?一时的气愤,忘掉自身安危,以至于牵连父母双亲,不是迷惑吗?"

[读] 此章所言三项做人要求体现了儒学的理性、公正和严于责己的基本原则。付出和获得,责己和宽人,情感和理智,三方面的问题有普遍性,离开做人原则就会犯错误,乃至堕落、犯罪。

[原文] 12.22 樊迟问仁。子曰:"爱人。"问知。子曰:"知人。"樊迟未达。子曰:"举直错诸枉,能使枉者

直。”樊迟退,见子夏,曰:“乡(xiàng)也吾见于夫子而问知,子曰‘举直错诸枉,能使枉者直’,何谓也?”子夏曰:“富哉言乎!舜有天下,选于众,举皋陶,不仁者远矣。汤有天下,选于众,举伊尹,不仁者远矣。”

[译] 樊迟问怎样有人格,孔子说:“爱人。”樊迟又问怎样有智慧,孔子说:“了解人。”樊迟不明白。孔子说:“提拔正直的人领导不正派的人,能使不正派的人正直。”樊迟退出来又去见子夏,说:“刚才我去见老师,问怎样有智慧。老师说‘提拔正直的人作不正派的人的上级,能使不正派的人正直’。什么意思呢?”子夏说:“这话含义丰富啊!舜领导华夏,在众人里选择,选拔了皋陶,不讲人格的人就远离了。汤领导华夏,在众人里选择,选拔了伊尹,不讲人格的人就远离了。”

[读] “仁者爱人”为儒学核心理念,是对人、人性的伟大发现,亦人格建树之指南。王夫之说:“先笃其亲,以及于民、物。”阐明以“爱人”为中心的仁学思想体系。仁为人格三大要素——知、仁、勇(9.29,14.28)之核心。没有仁爱之知、勇不是真正意义的知、勇。而仁爱胸怀具有了包容性、辐射力、吸引力,才能在人类文明主流中立得住,走得远。以知人为智,以舜、汤选用贤人而“疾”世袭之“固”(14.32),人虽“枉”而为可用之才,在“直”者领导下可为“直”。是为仁学从政职务人格之要求。

[原文] 12.23 子贡问友。子曰:“忠告而善道之,不可则

止，毋自辱焉。”

[译]　子贡问怎样对待朋友。孔子说：“真诚地劝告和委婉地开导他，不听就算了，不要自讨羞辱。”

[读]　此章言“君子之交淡如水”之分寸。所谓朋友，应为“以义合者”。有义，则为畏友诤友；无义，则为狐朋狗友。

[原文]　12.24 曾子曰：“君子以文会友，以友辅仁。”

[译]　曾子说：“有道德修养的人靠文化学识结识朋友，靠朋友帮助培养人格。”

[读]　“文”谓“诗书礼乐”，乃至“法度纲纪”，非“浮靡放漫”“藻丽”之类。“友”谓同道同门，“文”为会友条件，“辅仁”为交友目的。

子路第十三

13.1 子路问政。子曰："先之，劳之。"请益。曰："无倦。" ［原文］

［译］子路问怎样治理政事。孔子说："给百姓做表率，使百姓勤劳。"子路请求多讲一点。孔子说："不要倦怠。"

［读］此章云孔子教导子路始终不倦地做百姓表率，此为从政职务人格基本要求。

13.2 仲弓为季氏宰，问政。子曰："先有司，赦小过，举贤才。"曰："焉知贤才而举之？"子曰："举尔所知；尔所不知，人其舍诸？" ［原文］

［译］仲弓做季氏的总管，问怎样治理政事。孔子说："给工作人员带头，原谅他们小的过错，选拔优秀人才。"仲弓说："怎么了解谁是优秀人才并选拔他们呢？"孔子说："选拔你所了解的。你不了解的，难道别人会埋没他们吗？"

［读］上一章对百姓而言，此章则对官员而言。官员的管理，要在宽容举贤，孔子强调"举"并带出发现人才的方法，值得深思。

[原文]

13.3 子路曰:“卫君待子而为政,子将奚先?”子曰:“必也正名乎!”子路曰:“有是哉? 子之迂也!奚其正?”子曰:“野哉! 由也。君子于其所不知,盖阙如也。名不正,则言不顺;言不顺,则事不成;事不成,则礼乐不兴;礼乐不兴,则刑罚不中;刑罚不中,则民无所措手足。故君子名之必可言也,言之必可行也。君子于其言,无所苟而已矣。”

[译]

子路说:“卫国国君等待您去治理政事,您打算先做什么事?”孔子说:“一定是先订正概念吧!”子路说:“有这样的嘛? 您这么迂腐啊! 怎么去订正?”孔子说:“真粗野啊,子路! 有道德修养的人,对自己所不知道的,应该存疑。概念不正确,语言定义就不能表述清楚;语言定义表述不清楚,事情就办不成;事情办不成,文明规范、诗乐制度就不能施行;文明规范、诗乐制度不能施行,刑罚就不得当;刑法不得当,老百姓就手足无措,无所适从。所以有道德修养的人确立了概念,语言定义一定可以表述清楚,语言定义表述得清楚,就一定可以施行。有道德修养的人对于词语言论的表述,一丝不苟才罢休啊。”

[读]

正名,马融释为“正百事之名”。郑玄曰:“正名,谓正书字也。古者曰名,今世曰字。”程树德则释为“即今所谓论理学也”。所谓正名,即规范订正概念、定义概念。孔子重视概念之定义,不同的是儒学为仁学,其定义方法非论辩逻辑,而是“言之必可行也”的行为逻辑;提问方式不是“是什么”的前后“一贯性”,而是“怎样的”之描述性。

孔子的定义方式多种多样:有近于形式逻辑属加种差

之“好学”(1.14);有一义揭示之“政者正也”(12.17)、“君君,臣臣”(12.11);而主要为多种描述者,如“仁”,当为面对不同人、不同语境之“定义”,并且每个仁学躬行者都要自己据情以行动。

13.4 樊迟请学稼。子曰:“吾不如老农。”请学为圃。曰:“吾不如老圃。”樊迟出。子曰:“小人哉,樊须也!上好礼,则民莫敢不敬;上好义,则民莫敢不服;上好信,则民莫敢不用情。夫如是,则四方之民襁负其子而至矣,焉用稼?” [原文]

樊迟向孔子请教种庄稼。孔子说:“我不如老农。”又请教种菜。孔子说:“我不如老菜农。”樊迟出去了,孔子说:“樊迟真是眼界低的人啊!领导者讲究礼节,百姓就没有谁敢不尊敬;领导者讲究道义,百姓就没有谁敢不服从;领导者讲究诚信,百姓就没有谁敢不诚实。如果像这样,四方百姓会背着小孩子来投奔,哪里用得着亲身去种庄稼?” [译]

此章所示为从政职务人格。孔子知樊迟志非务农,或其效神农、后稷教民意。 [读]

13.5 子曰:“诵《诗》三百,授之以政,不达;使于四方,不能专对;虽多,亦奚以为?” [原文]

孔子说:“熟读《诗经》三百篇,交给他政务,却不通;派他出使别国,却不能独立应对;即使学得多,又有什么用呢?” [译]

[读]　《诗经》内容丰富，是当时处理政事的参考和外交词令出处，杜预所谓“因古诗以见意”也。高素质的人，一定是能够学以致用，并在实践中有所发现、创造的人。

[原文]　13.6 子曰：“其身正，不令而行；其身不正，虽令不从。”

[译]　孔子说：“领导者自身端正，不发号施令，百姓也会自觉行动；领导者自身不端正，即使下达命令，百姓也不服从。”

[读]　此章强调“政者，正也”(12.17)。领导以身作则，方能上行下效，这是人格影响力起决定作用的行政通则。

[原文]　13.7 子曰：“鲁卫之政，兄弟也。”

[译]　孔子说：“鲁国和卫国的政治，像兄弟一样。”

[读]　鲁、卫为周公旦、康叔兄弟封国，俱以德治国而“德化均”，故“末世犹贤于他国”(《论语正义》)。

[原文]　13.8 子谓卫公子荆：“善居室。始有，曰：‘苟合矣。’少有，曰：‘苟完矣。’富有，曰：‘苟美矣。’”

[译]　孔子谈到卫国的公子荆，说：“他善于居家过日子。刚有些财产，便说：‘足够用了。’稍增加些，又说：‘足够完备了。’相当富足了，便说：‘真够完美了。’”

此章当发生在孔子初受爵为大夫时。“知足由于少欲，少欲易于入道。”(《论语集释》)卫公子荆在奢侈成风的环境中保持清廉，难能可贵，故称“善居室”。季札称其为“君子”(见《左传》)。 [读]

13.9 子适卫，冉有仆。子曰：“庶矣哉！”冉有曰：“既庶矣，又何加焉？”曰：“富之。”曰：“既富矣，又何加焉？”曰：“教之。” [原文]

孔子到卫国，冉有给他驾车。孔子说：“人口真多啊！”冉有说：“人口已经多了，接下来该做什么呢？”孔子说：“使百姓富裕起来。”冉有说：“已经富裕了，接下来该做什么？”孔子说：“使百姓受教育。” [译]

此则所述为仁政思想使然。“富而后教”，永远是人类生存发展要务。 [读]

13.10 子曰：“苟有用我者，期月而已可也，三年有成。” [原文]

孔子说：“如果有人用我主持政事，一年可以就绪，三年可以有所成就。” [译]

《史记》言孔子所说治理对象为卫国。 [读]

13.11 子曰：“‘善人为邦百年，亦可以胜残去杀 [原文]

矣。'诚哉是言也。"

[译] 孔子说:"'普通好人治理国家一百年,也可以克服残暴人性、免除杀戮了。'这话真对啊。"

[读] 此章所说"善人",皇侃疏为"言贤人为诸侯",亦仲弓"可使南面"(6.1)意,指"公天下"三代之"选举"。"善人"虽未系统学习,但纯朴善良,其目标和手段若不违背仁政,也可实现"胜残去杀"的目标。

[原文] 13.12 子曰:"如有王者,必世而后仁。"

[译] 孔子说:"如果有靠道德行仁政的政治领袖,一定要经过三十年以后,才能实现充满爱心的社会。"

[读] 此处"王"相对"霸"而言,亦与"善人"相比较。孟子云"以德行仁者王"。前"善人"治国需百年,"王者"需要三十年,两者存在程度、效率之别,系道统学理使然。

[原文] 13.13 子曰:"苟正其身矣,于从政乎何有?不能正其身,如正人何?"

[译] 孔子说:"真正端正自身了,对治理政事有什么困难呢?不能端正自身,怎么端正别人呢?"

[读] "政者,正也"(12.17),本人人格端正为从政条件。仁政原则源自历史正反经验总结,具永久指导意义。

13.14 冉子退朝。子曰："何晏也？"对曰："有政。"子曰："其事也。如有政，虽不吾以，吾其与闻之。" ［原文］

冉有从官府下班回来。孔子问："为什么回来这么晚啊？"冉有回答说："有政务。"孔子说："那是事务啊。如果有政务，虽然不用我了，我也会知道的。" ［译］

此章为正名一例。"政"与"事"有区别，"君议为政，臣议为事"。此"事"为季氏家事。据郑玄注，"家"为行政单位，大夫封地亦曰"朝"，称"私朝"。孔子曾为大夫，被尊为"国老"。鲁君咨询政务，常"待子而行"（《左传·哀公十一年》），故其"与闻也"。 ［读］

13.15 定公问："一言而可以兴邦，有诸？"孔子对曰："言不可以若是，其几也。人之言曰：'为君难，为臣不易。'如知为君之难也，不几乎一言而兴邦乎？"曰："一言而丧邦，有诸？"孔子对曰："言不可以若是，其几也。人之言曰：'予无乐乎为君，唯其言而莫予违也。'如其善而莫之违也，不亦善乎？如不善而莫之违也，不几乎一言而丧邦乎？" ［原文］

鲁定公问："一句话就可以振兴国家，有这样的话吗？"孔子回答说："话不能这样说，大体相近的话是有的。有人说：'做君主难，做臣子也属不易。'如果知道做君主的难处，不近乎一句话就可以振兴国家吗？"定公又问："一句话 ［译］

就可以亡国，有这样的话吗?”孔子回答说:“话不可以这样说，大体相近的话是有的。有人说:‘我做国君没有什么快乐，只是我说话没有人违背我。’如果说得对而没有人违背，不也很好吗？如果说得不对而没有人违背，那不近乎一句话就可以亡国吗?”

［读］　此章言知“为君难”和“言而莫予违”，是两种对立的君主职务人格之表现。而“兴邦”和“丧邦”之别，根在国君本人人格的“正”与否。

［原文］　13.16 叶公问政。子曰:“近者悦，远者来。”

［译］　叶公问怎样治理政事。孔子说:“使境内的人高兴，使境外的人来投奔。”

［读］　时楚国向外扩张，故孔子诫之。《管子》云:“凡众者，爱之则亲，利之则至……爱施俱行，则说(悦)君臣，说朋友，说兄弟，说父子。爱施所设四，固不能守。”即“修文德以来之”(16.1)之意。近悦、远来，为因果关系。

［原文］　13.17 子夏为莒父宰，问政。子曰:“无欲速，无见小利。欲速，则不达;见小利，则大事不成。”

［译］　子夏做莒父邑的长官，问怎样治理政事。孔子说:“不要图快，不要只见小利益。图快，就达不到目的;只见小利益，就办不成大事。”

清李光地《论语札记》云:“欲速者,心之躁;见小利者,心之私。”李颙《四书反身录》云:“为政欲速非善政,为学欲速非善学。”俱呼唤人格学、恭敬心与眼界。 [读]

13.18 叶公语孔子曰:“吾党有直躬者,其父攘羊,而子证之。”孔子曰:“吾党之直者异于是:父为子隐,子为父隐,直在其中矣。” [原文]

叶公告诉孔子说:“我家乡有个正直的人,他父亲窝藏下自己跑来的羊,他去告发了。”孔子说:“我家乡正直的人与此不同:父亲的事儿子不声扬,儿子的事父亲不声扬,正直就在这里面了。” [译]

“直躬证父,微生溺死,‘信’之患也。”(《庄子》)杨伯峻说,孔子“伦理哲学的基础就在于孝、慈,因之说父子相隐,直在其中”(《论语译注》)。人性之直与国法之公,亦忠孝难两全之例。彼时国法对亲情有相当的宽容与尊重。 [读]

13.19 樊迟问仁。子曰:“居处恭,执事敬,与人忠。虽之夷狄,不可弃也。” [原文]

樊迟问怎样有人格。孔子说:“平日谦恭,做事敬业,对人忠诚。即使到夷狄那样的边远落后地区,也不能丢掉啊。” [译]

江熙曰:“恭、敬、忠,君子任性而行己,所以为仁也。”(《论语集解》)朱熹云“日用躬行”,“不可有些亏欠处” [读]

(《朱子语类》),即自身修养成为性格,自然而完美,是为人格。假若仅在某些场合"表现",到"夷狄"就"弃"之,则为二重人格,表里不一。

[原文]

13.20 子贡问曰:"何如斯可谓之士矣?"子曰:"行己有耻,使于四方,不辱君命,可谓士矣。"曰:"敢问其次。"曰:"宗族称孝焉,乡党称弟焉。"曰:"敢问其次。"曰:"言必信,行必果,硁(kēng)硁然小人哉!抑亦可以为次矣。"曰:"今之从政者何如?"子曰:"噫!斗筲(shāo)之人,何足算也?"

[译]

子贡问道:"怎样才可以称得上人才?"孔子说:"自己的行为有羞耻心,出使别国,不辜负国君的重托,可以称为人才了。"子贡说:"请问次一等的。"孔子说:"本族的人称赞他孝顺父母,同乡的人称赞他尊重兄长。"子贡说:"请问再次一等的。"孔子说:"说话一定守信,做事一定果决,固守自我而眼界低的人,也算是再次一等的了。"子贡说:"如今从政的人怎么样?"孔子说:"唉!这些器量、见识狭小的人,算什么呢?"

[读]

此章论选材标准,分为国家级、地方级、专业级。国家级人才有两项标准,本人人格为知耻,职务人格为完成国家使命能力。诸本人人格要素中孔子唯提及"耻",可见知耻在人性文明中居最重要位置。从政者"世袭"为官,而非"选举"产生,竟连"言必信,行必果"的"小人"境界也达不到,故在人才之外,可见此为人才最低要求。

13.21 子曰："不得中行而与之，必也狂狷乎！狂者进取，狷者有所不为也。"　[原文]

孔子说："不能与行为合乎中道的人交往，那就一定和激进的人、清高的人交往。激进的人勇于进取，清高的人洁身自好。"　[译]

"中行"即中道，为仁学最高要求。狂者次之，以目标过高，"行不掩言"；狷者又次之，以其仅耻"不洁之士"（5.22）。　[读]

13.22 子曰："南人有言曰：'人而无恒，不可以作巫医。'善夫！""'不恒其德，或承之羞。'"子曰："不占而已矣。"　[原文]

孔子说："南方人有句话说：'人没有恒心，不可以当巫医。'说得好啊！""《周易·恒卦·爻辞》说：'不能持久地保持德行，总会招来羞辱。'"孔子说："这是说没有恒心的人就不要占卜了。"　[译]

此二语俱强调"恒德"，因"无恒"则"卦兆不能见其情"。"南人"重德同于北人，可见中华民族两大发祥地思想基础一致。　[读]

13.23 子曰："君子和而不同，小人同而不和。"　[原文]

孔子说："有道德修养的人讲究和谐而不盲从，没有道　[译]

德修养的人盲从而不讲究和谐。”

[读]　和为尊重，承认个性差异、多样，因协调而和谐；同则强求同一。西周末史伯首提“和实生物，同则不继”。和者“成千品出万方”，同者“声一无所，物一无文，味一无果，物一不讲”（《国语·郑语》）；和者“济五味，和五声”，同者则如“以水济水”（《左传·昭公二十年》）。“和而不同”当为民族元意识基础，说到大自然，则“则天”“天人合一”（8.19）；说到历史，则“古今一脉”（2.23）；说到人类，则“四海一家”（12.5）；说到社会，则“群而不党”（15.22）、“周而不比”（2.14），等等。此则可为多元化、多样性世界间不同文明和谐相处提供思想依据。

[原文]　13.24 子贡问曰：“乡人皆好之，何如？”子曰：“未可也。”“乡人皆恶之，何如？”子曰：“未可也。不如乡人之善者好之，其不善者恶之。”

[译]　子贡问道：“乡里的人都喜欢他，这个人怎么样？”孔子说：“不一定好。”又问：“乡里人都厌恶他，这个人怎么样？”孔子说：“不一定坏。不如乡里的好人喜欢他，乡里的坏人厌恶他。”

[读]　此章言善者好之而恶者不恶，则必有苟合之行，如“乡愿”（17.13）；恶者恶之而善者不好，则必无可好之实。唯善者好而恶者恶，为实善者。

[原文]　13.25 子曰：“君子易事而难说也。说之不以道，

不说也;及其使人也,器之。小人难事而易说也。说之虽不以道,说也;及其使人也,求备焉。"

[译]

孔子说:"在有道德修养的人手下工作很容易,却难于讨他喜欢。不按原则讨他喜欢,他会不高兴;到使用人的时候,他却能量材使用。在没有道德修养的人手下工作很难,却容易讨他喜欢。即使不按原则讨他喜欢,他也会高兴;到使用人的时候,他却求全责备。"

[读]

此章"可以括廿四史之全。以'道'为主,以'悦'为对,以'事'字'使'字为经纬"(《论语集释》)。李泽厚称此则"尤栩栩如生于今日"(《论语今读》),人性使然。

[原文]

13.26 子曰:"君子泰而不骄,小人骄而不泰。"

[译]

孔子说:"有道德修养的人泰然安详而不骄傲,没有道德修养的人骄傲而不泰然安详。"

[读]

"泰"为内心阳光、强大的外在表现,因人格力量而坦然安适,而"无众寡,无小大,无敢慢"(20.2)。内心不阳光者则相反。

[原文]

13.27 子曰:"刚、毅、木、讷,近仁。"

[译]

孔子说:"刚强、坚毅、质朴、寡言,接近人格。"

[读]

讷即讱(12.3)。木,《汉书》有"木强"一词,当源此。

"讷"乃"仁"之刚强弘毅一面。相反者为"巧言令色,鲜矣仁"(1.3)。

[原文] 13.28 子路问曰:"何如斯可谓之士矣?"子曰:"切切偲(sī)偲,怡怡如也,可谓士矣。朋友切切偲偲,兄弟怡怡。"

[译] 子路问道:"怎样才可以称得上人才呢?"孔子说:"互相劝勉督促,和颜悦色,可以称为人才了。朋友之间应互相劝勉督促,兄弟之间应和颜悦色。"

[读] 兄弟"天合",以恩;朋友"人合",以义(《论语集释》)。孔子以五伦中的二伦作为士的条件,亦因材施教例。

[原文] 13.29 子曰:"善人教民七年,亦可以即戎矣。"

[译] 孔子说:"普通好人教导百姓七年,也可以让百姓参与战事了。"

[读] 此章言对普通百姓的教化。教民内容除涉礼义忠信、务农技艺外,亦涉习武演兵。然"'亦可以即戎',未尽善义也"(《论语集解》)。

[原文] 13.30 子曰:"以不教民战,是谓弃之。"

[译] 孔子说:"用没有受过军事训练的百姓作战,这是让他们白白送死。"

[读]

孔子连续二章谈“教民战”,是现实生存之需要。在“春秋无义战”(孟子语)的时代,被侵犯是常见的事。《谷梁传》记载:宋公兹父(襄公)卒而不葬,“以其不教民战,则是弃其师也。为人君而弃其师,其民孰以为君哉?”

宪问第十四

[原文]　14.1 宪问耻。子曰："邦有道，谷；邦无道，谷，耻也。""克、伐、怨、欲不行焉，可以为仁矣？"子曰："可以为难矣，仁则吾不知也。"

[译]　原宪问什么是耻辱。孔子说："国家政治清明，当官拿俸禄；国家政治黑暗，也当官拿俸禄，这就是耻辱。"原宪又问："好胜、自夸、抱怨和贪欲都没有表现出来，可以算有人格了吗？"孔子说："可以算难能可贵了，是否'仁'我就不知道了。"

[读]　孔子重视"知耻"教育，无人格者即不知耻。知耻为民族元意识之一种。

[原文]　14.2 子曰："士而怀居，不足以为士矣。"

[译]　孔子说："是人才却留念安逸生活，就不配做人才。"

[读]　此说为儒学的开放交流之要求，与"君子怀德"章一致(4.11)。

[原文]　14.3 子曰："邦有道，危言危行；邦无道，危行言孙。"

孔子说："国家政治清明，说话正直，行为正直；国家政治黑暗，行为正直，说话谦逊。" ［译］

凡政治黑暗之朝代，必视正直言论如猛虎，所以有"道路以目"之说。是否以言定罪，成为政治清明、黑暗之分野。汪烜《四书诠义》云："言孙非畏祸也，贾祸而无益，则君子不为矣。"《论语集释》中也有"为国者使士言孙，岂不殆哉"之语。修辞上，"言行"二字错综，以强调"危行"在何种情况下都必须坚持。 ［读］

14.4 子曰："有德者必有言，有言者不必有德。仁者必有勇，勇者不必有仁。" ［原文］

孔子说："有道德的人一定有好言论，有好言论的人不一定有道德。有人格的人一定勇敢，勇敢的人不一定有人格。" ［译］

言以德为基，勇以仁为基。故不可以言高为德，亦不可以有勇为仁。 ［读］

14.5 南宫适（kuò）问于孔子曰："羿（yì）善射，奡（ào）荡舟，俱不得其死然。禹、稷躬稼，而有天下。"夫子不答。南宫适出。子曰："君子哉若人！尚德哉若人！" ［原文］

南宫适向孔子问道："羿善于射箭，奡善于水战，都不得 ［译］

好死。禹和稷亲身种庄稼,却领导华夏。”老师没有回答。南宫适出去,孔子说:“这个人是有道德修养的人啊!这个人真崇尚道德啊!”

[读] 此章所举四人,尚力者亡,尚德者存。人性文明上升后超越野蛮使然。在物质文明发达时代,人性文明并不必然上升,亦可下降造成灾难。人性文明上升与下降始终是人类“如临深渊”的大课题,每个人都不例外。孔子仁学的关注点正在这里。

[原文] 14.6 子曰:“君子而不仁者有矣夫,未有小人而仁者也。”

[译] 孔子说:“有道德修养却没有健全人格的人是有的啊,没有道德修养却有健全人格的人是没有的。”

[读] 此章再次强调具备“君子”的道德修养是人格建立的必要条件,即使建立了,如不注意保持,也易“去仁”(4.5)。

[原文] 14.7 子曰:“爱之,能勿劳乎?忠焉,能勿诲乎?”

[译] 孔子说:“爱他,能不使他劳苦吗?忠于他,能不教育他吗?”

[读] 此章所言“之”字代指后生。“忠”用于对下,为更深切之爱。反此,则为害。

14.8 子曰:“为命,裨(bì)谌(chén)草创之,世叔讨论之,行人子羽修饰之,东里子产润色之。” [原文]

孔子说:“郑国制定外交文书,裨谌起草,世叔研究内容并提出意见,外交官子羽增删文字,东里子产润色文采。” [译]

“更此四贤而成,故鲜有败事。”(《论语集释》)文章产生的各环节、各程序及用语、词汇,今天依然在用。民族文化为民族元意识所派生,民族文化的自信归根结蒂是民族元意识的自信。 [读]

14.9 或问子产。子曰:“惠人也。”问子西。曰:“彼哉!彼哉!”问管仲。曰:“人也。夺伯氏骈(pián)邑三百,饭疏食,没齿无怨言。” [原文]

有人问子产是怎样的人。孔子说:“是位宽厚恩惠的人啊。”问子西。孔子说:“他啊!他啊!”问管仲。孔子说:“有人格啊。他剥夺了伯氏骈邑三百户封地,伯氏虽然吃粗粮,但到死没有怨言。” [译]

本章称管仲“如其仁”(14.16)。人格即正气,即原则,虽罚而合法合理,受罚者亦服气。儒学“善善长而恶恶短”(《论语集释》),发扬、维护的是人性善、光明一面,极力推动人性文明上升,故说仁学即人格学。 [读]

14.10 子曰:“贫而无怨难,富而无骄易。” [原文]

［译］　孔子说："贫穷却不抱怨难以做到，富裕却不骄傲容易做到。"

［读］　贫富两极分化，为社会矛盾根源。成功的社会必须"均富"（13.9，16.1），或即今日倡导之"橄榄形"分配模式。

［原文］　14.11 子曰："孟公绰为赵、魏老则优，不可以为滕、薛大夫。"

［译］　孔子说："孟公绰能够胜任晋国上卿赵氏、魏氏家的总管，但不可以做滕国、薛国的大夫。"

［读］　此章言用人之长。孟公绰"廉静""智士"，下则称其"不欲"，为"成人"条件，评价甚高。当时赵、魏家须抵制"附益篡国"，孟公绰可担此任；而滕、薛衰危，非常臣可救（《论语集释》）。

［原文］　14.12 子路问成人。子曰："若臧武仲之知，公绰之不欲，卞庄子之勇，冉求之艺，文之以礼乐，亦可以为成人矣。"曰："今之成人者何必然？见利思义，见危授命，久要不忘平生之言，亦可以为成人矣。"

［译］　子路问怎样算完人。孔子说："像臧武仲那样的智慧，像孟公绰那样的没有贪心，像卞庄子那样的勇敢，像冉有那样的多才多艺，再用文明规范、诗乐文化加以丰富，也可以

算完人了。”又说:“现在的完人何必一定要这样呢? 见到利益就想到了道义,遇到危险能献出生命,长久贫困也不忘记平生的诺言,也可以算完人了。”

[读] 所谓“成人”,其他位当在“圣人、仁人、君子”之下,有别于生理发育之义。

[原文] 14.13 子问公叔文子于公明贾曰:“信乎? 夫子不言、不笑、不取乎?”公明贾对曰:“以告者过也。夫子时然后言,人不厌其言;乐然后笑,人不厌其笑;义然后取,人不厌其取。”子曰:“其然? 岂其然乎?”

[译] 孔子向公明贾问到公叔文子,说:“真的吗? 老先生不说话,不笑,不取财吗?”公明贾回答说:“这是传话的人说错了。老先生该说话的时候才说话,所以人们不讨厌他的话;高兴了才笑,所以人们不讨厌他的笑;合乎道义的财才取,所以人们不讨厌他取财。”孔子说:“这样吗? 难道真这样吗?”

[读] 每个光辉灿烂的时代,都是人格峥嵘的时代。创造力源自独立人格和自由思想,春秋战国即如此。公叔文子为那个时代人格修养之一例。

[原文] 14.14 子曰:“臧武仲以防求为后于鲁,虽曰不要(yāo)君,吾不信也。”

[译] 孔子说:“臧武仲凭其封地防邑要求鲁君立子弟为卿大

夫,虽然人们说他这不是要挟国君,但我是不相信的。”

[读] 前称臧武仲“智”(14.12),是因他得罪孟孙氏出逃齐国,齐庄公要赐田地给他,臧武仲料庄公不会长久,当面讽刺激怒之而不受赐田。后庄公被弑,臧武仲果未受牵连(《左传·襄公二十三年》)。去齐前,他到采地防邑,并派人请鲁君立后代,“其词甚逊”,而实际上,“请而不得之,则将据防以叛”(《四书遇》)。故孔子称臧武仲之话为“要君”。

[原文] 14.15 子曰:“晋文公谲(jué)而不正,齐桓公正而不谲。”

[译] 孔子说:“晋文公权诈而不守正道,齐桓公守正道而不权诈。”

[读] 此章为领袖人格之简要评价。后二章称赞管仲之仁而推重齐桓公。《左传·僖公二十八年》载:“齐桓公为会而封异姓,今君(晋文公)为会而灭同姓。”齐桓公称霸有《诗经·卫风·木瓜》一诗称美,晋文公继霸则无诗美之者,明晋文公不如齐桓公(参见《论语集释》)。

[原文] 14.16 子路曰:“桓公杀公子纠,召忽死之,管仲不死。”曰:“未仁乎?”子曰:“桓公九合诸侯,不以兵车,管仲之力也。如其仁!如其仁!”

[译] 子路说:“齐桓公杀了公子纠,召忽为他殉死,管仲却不

殉死。”又说：“没有人格吧？”孔子说：“齐桓公九次主持诸侯盟会，维护华夏安定，不依靠武力，是管仲的力量。这是他的人格！这是他的人格！”

［读］

齐桓公为诸侯盟主，其“不以兵车”之举或称“衣裳之会”，说明文明性质，是为“正”（14.15）。九或为虚数，《谷梁传》称十一次。齐襄公无道，公子纠在管仲、召忽辅佐下逃鲁，公子小白在鲍叔牙辅佐下逃莒。襄公被弑后，小白抢先回齐继承王位，为桓公，并迫鲁杀公子纠，召忽殉死。鲍叔牙荐管仲为齐相。仁者“爱人”，子路以管仲不殉死为“不仁”，孔子以其功及华夏为大爱，当然为“仁”。或谓后世君视臣为奴仆，殉君为“家天下”；孔子所论为古之“公天下”，无殉君者，更“未闻为所傅者殉”（《论语集释》）。

［原文］

14.17 子贡曰：“管仲非仁者与？桓公杀公子纠，不能死，又相之。”子曰：“管仲相桓公，霸诸侯，一匡天下，民到于今受其赐。微管仲，吾其被发左衽矣。岂若匹夫匹妇之为谅也，自经于沟渎而莫之知也？”

［译］

子贡说：“管仲不是有人格的人吧？齐桓公杀了公子纠，他不殉死，又去辅佐齐桓公。”孔子说：“管仲辅佐齐桓公，率领诸侯，维护周朝统一和华夏文明，百姓到今天还受到他的恩惠。假若没有管仲，我们怕都要披散头发、衣襟向左开了。他怎么会像平民那样固守小信用，在沟渠里自杀而没有人知道他呢？”

［读］

管仲“一匡天下”，是为“尊周室，攘夷狄，存华夏”（《论语集解》);没有“被发左衽”,则是指桓公曾救北燕、邢等国,阻戎狄侵犯。前则孔子夸管仲“不以兵车”“九合诸侯”,以文明手段维护华夏安定,许管仲以“仁”;此则孔子从管仲“一匡天下”维护华夏文明,免被夷狄同化的伟大贡献认定其“仁”。支撑管仲的正是伟大的华夏文明之爱和超常的智慧、勇气、健全人格。历史上落后文明打败先进文明乃至消灭之,屡见不鲜。二章显示事功的文明性质和影响力,明确评价领袖人格的尺度。

[原文] **14.18 公叔文子之臣大夫僎(zhuàn)与文子同升诸公。子闻之,曰:“可以为‘文’矣。”**

[译] 公叔文子推荐家臣僎和自己一起做朝廷的大夫。孔子听到这事,说:“可以给他‘文’的谥号了。”

[读] 朱熹谓文子:“有三善焉,知人一也,忘己二也,事君三也。”公正客观、积极地对待人才,为民族元意识优良传统。

[原文] **14.19 子言卫灵公之无道也,康子曰:“夫如是,奚而不丧?”孔子曰:“仲叔圉(yǔ)治宾客,祝鮀治宗庙,王孙贾治军旅。夫如是,奚其丧?”**

[译] 孔子说到卫灵公的昏乱,季康子说:“像这样,他怎么不失位呢?”孔子说:“有仲叔圉接待宾客,祝鮀管理祭祀,王孙贾统率军队。像这样,怎么会失位呢?”

[读] 此章言昏君而有贤臣,可暂得以“不丧”。如臣为昏君

操控工具，则必“丧”。历史反复演之。

14.20 子曰：“其言之不怍，则为之也难。” ［原文］

孔子说：“一个人喜欢大言不惭，那么做事就难以实行。” ［译］

或“轻言苟且”，或“大言欺人”，两者俱脱离实际，故难以实行。脚踏实地，言行一致，为做人基本原则。 ［读］

14.21 陈成子弑简公。孔子沐浴而朝，告于哀公曰：“陈恒弑其君，请讨之。”公曰：“告夫三子。”孔子曰：“以吾从大夫之后，不敢不告也。君曰‘告夫三子’者！”之三子告，不可。孔子曰：“以吾从大夫之后，不敢不告也。” ［原文］

陈成子杀了齐简公。孔子沐浴斋戒后朝见鲁哀公并报告说：“陈恒杀了他的君主，请出兵讨伐他。”哀公说：“报告那三位大夫。”孔子退朝后说：“因为我随从大夫参政，不敢不报告啊，国君却说‘报告那三位大夫’。”孔子去报告给季氏三家，不同意出兵。孔子说：“因为我随从大夫参政，不敢不报告啊。” ［译］

此章所言之事发生在哀公十四年，孔子时年七十一岁。陈恒轼齐简公，理应讨伐，唯孔子奔走报告请讨之；但鲁君昏庸，专权的三家亦不同意出兵。或谓“三家”未必没有陈恒的野心，正以孔子的“清议”，即在野名士的舆论维护，才有所收敛。可见“请议”是一次重大舆论震慑。此举唯以 ［读］

民为本之鲁才有,以国为本的齐则没有,因而齐国政权易人(参见《论语正义》)。

[原文] 14.22 子路问事君。子曰:“勿欺也,而犯之。”

[译] 子路问怎样侍奉君主。孔子说:“不要欺骗他,但可以当面冒犯他。”

[读] 事君之职务人格即此二条。上古三代为“公天下”无疑,后之“家天下”的君主多独裁,唯铮铮铁骨者才能坚守。

[原文] 14.23 子曰:“君子上达,小人下达。”

[译] 孔子说:“品德眼界高的人,通达于大自然法则而具人文精神;品德眼界低的人,通达于技术主义而缺乏人文关怀。”

[读] 扬雄《法言》曰:“通天、地、人曰儒,通天、地而不通人曰伎。”人即人文关怀、人文精神;伎通技。此言最契合“全球化”“现代化”乃至“后现代化”之“君子、小人”。所谓人文精神,即坚守人性文明上升线,与反人性、反文明之行为决裂。“上达”“下达”或释为道、器,本、末,仁义、财利,天理、人欲,向上、向下,进取、沉沦等对比义。

[原文] 14.24 子曰:“古之学者为己,今之学者为人。”

[译] 孔子说:“古代人学习为了自己,现代人学习为了

别人。”

[读] 前指做人的素质、修养，自洒扫、应对而及于修齐治平，皆切于日用之事而“不求人知”；后言为人，指“悦人”，以“求名”，以“博取富贵”。或以为“为己”如“己立、己达”，“为人”如“立人、达人”。是为修身与用世之别。

[原文] 14.25 蘧伯玉使人于孔子。孔子与之坐而问焉，曰：“夫子何为？”对曰：“夫子欲寡其过而未能也。”使者出。子曰：“使乎！使乎！”

[译] 蘧伯玉派使者问候孔子。孔子和使者坐下，问道：“蘧老先生在做什么呢？”使者回答说：“老先生想减少自己的过失，还没做得到。”使者辞出。孔子说：“好一位使者！好一位使者！”

[读] 《淮南子》载：“蘧伯玉，年五十而知四十九年非。”《后汉书》称其“耻独为君子”。做人准则愈高，要求自己愈严。蘧伯玉晚年仍不断完善自己，同时与人共同进取。

[原文] 14.26 子曰：“不在其位，不谋其政。”曾子曰：“君子思不出其位。”

[译] 孔子说：“不在那个职位上，就不要考虑它的政务。”曾子说：“有道德修养的人思虑的问题不超出自己的职务范围。”

［读］　此则言行政职场规则。

［原文］　14.27 子曰："君子耻其言而过其行。"

［译］　孔子说："有道德修养的人认为自己说到却做不到是可耻的。"

［读］　此章言言行一致为做人基本要求。

［原文］　14.28 子曰："君子道者三，我无能焉：仁者不忧，知者不惑，勇者不惧。"子贡曰："夫子自道也。"

［译］　孔子说："有道德修养的人遵循三个方面，我没有做到：博爱的人不忧虑，智慧的人不困惑，勇敢的人不畏惧。"子贡说："这是老师的自我表白啊。"

［读］　仁者博爱且内心强大阳光，其"内省不疚"（12.22），故"不忧"（12.4）。知、仁、勇为人格的三大要素，孔子认为应以仁爱为核心建立完全人格，因而成为"人"的发现者。

［原文］　14.29 子贡方人。子曰："赐也，贤乎哉？夫我则不暇。"

［译］　子贡议论人长短。孔子说："子贡啊，这样好吗？我就没有这闲工夫。"

［读］　人人喜爱的子贡也有不足，可见人人须"修身"。对

人,世无完人,不可求全责备(18.10);对己,客观积极,不因不足而泄气,不因进步而自满。

14.30 子曰:“不患人之不己知,患其不能也。” [原文]

孔子说:“不怕别人不了解自己,怕自己没有能力啊。” [译]

与此章所言内容相同意蕴而语句稍别者数见,为反复叮嘱而屡记之者。 [读]

14.31 子曰:“不逆诈,不億不信,抑亦先觉者,是贤乎!” [原文]

孔子说:“不预先怀疑别人欺诈,不无根据地猜测别人不诚实,但能及早察觉到,这才贤明啊!” [译]

此章所言为尊重人格之要求。在心里怀疑即不尊重,要用人不疑,又能及早发觉问题,二者皆做到方为“贤明”。 [读]

14.32 微生亩谓孔子曰:“丘! 何为是栖栖者与? 无乃为佞乎?”孔子曰:“非敢为佞也,疾固也。” [原文]

微生亩对孔子说:“孔丘! 你为什么这样忙忙碌碌的呢? 不是为卖弄口才吧?”孔子说:“不敢去卖弄口才啊,只是讨厌顽固不化。” [译]

微生亩疑孔子“但为口才说(通“悦”)时君”,实则“欲 [读]

行道以化之,不得不干人主”(《论语正义》)。“疾”者,意在说服、批判“时君”之“固”。“乡党”篇云:孔子于乡党“似不能言者”,而在朝廷“便便言”(10.1)。《史记·孔子世家》记载:孔子周游列国,所“疾”者仅限于诸侯国君,而且“所议刺皆中诸侯之疾”。《庄子·渔父》云:“万乘之主,千乘之君,见夫子未尝不分庭伉礼,夫子犹有倨傲之容。”从而站到批判者立场,成为民族元意识维护者与执政者的制衡力量。

[原文] 14.33 子曰:“骥不称其力,称其德也。”

[译] 孔子说:“千里马称作骥,不是称赞它的气力,而是称赞它的品质。”

[读] 岳飞《良马对》一文对良马的描写可做本章注脚。与驽马之对比,即二种人品之比。

[原文] 14.34 或曰:“以德报怨,何如?”子曰:“何以报德?以直报怨,以德报德。”

[译] 有人说:“用恩德回报私怨,怎么样?”孔子说:“那用什么回报恩德呢?用正直无私回报私怨,用恩德回报恩德。”

[读] 孔子所言之“直”,指公正、正直无私,为人格基本规范,书中屡屡论及。具体说来,对私怨的态度就是“直”,不计私仇,公正无私,不以曲害直;既非以怨报怨之狭隘,亦非以德报怨之有悖情理。

14.35 子曰："莫我知也夫！"子贡曰："何为其莫知子也？"子曰："不怨天，不尤人，下学而上达。知我者其天乎！"

［原文］

孔子说："没有人了解我啊！"子贡说："为什么没有人了解您呢？"孔子说："不抱怨天，不责备人，学习世间知识，通达于大自然法则。了解我的大概只有天吧！"

［译］

"上达"于"天道"（5.13），即"上诉"于大自然法则。大自然为终极决定力量，如"天命""命"（2.4，9.1）概念，表达的是大自然的给予与限制。"兴于诗，立于礼，成于乐"（8.8）所形成的人性文明上升线，就是"下学"而"上达"的过程与进境。"中道"及"则天"（8.19）等原则都概括在其中。此乃人类长久和谐生存发展的根本保证与规律，偏离与违背就会造成苦难！这正是"成于乐"的哲学境界的精神状态，"予欲无言"章（17.19）同之。

［读］

14.36 公伯寮愬子路于季孙。子服景伯以告。曰："夫子固有惑志于公伯寮，吾力犹能肆诸市朝。"子曰："道之将行也与，命也；道之将废也与，命也。公伯寮其如命何！"

［原文］

公伯寮向季孙毁谤子路。子服景伯把这事告诉了孔子，说："他老人家真被公伯寮迷惑住了，我的力量还可以让他陈尸街头。"孔子说："仁学行得通，是大自然包括历史给定的啊；仁学行不通，也是大自然包括历史给定的啊！公伯

［译］

寮又能怎么样呢!”

[读] 命,即天命,是大自然的给定。仁学,即人格学,以仁爱方法达到仁爱目的(15.18),完全遵从客观条件去实行。孔子对反对者、对事功,始终坦然面对,决不违背仁爱原则强求效果,“无可无不可”(18.8);而对自身修养、人生境界之追求,对仁学思想之推动、教育,则不放弃,不退却,“知其不可而为之”(14.38)。或曰:君子以义为准,义之不可即为命所不有。或曰:安命便是道义,非有二也。

[原文] **14.37 子曰:“贤者辟世,其次辟地,其次辟色,其次辟言。”子曰:“作者七人矣。”**

[译] 孔子说:“品德高洁的人避开黑暗社会而隐居,其次的避开乱地,再次的避开不好的脸色,更次的避开不好的话。”孔子说:“这样做的人有七位了。”

[读] 此章所言具体哪七位隐士不详。或以为即书中出现之长沮、桀溺、荷蓧丈人、晨门等直接接触孔子者,或以为伯夷、叔齐、虞仲等所论古人。

[原文] **14.38 子路宿于石门。晨门曰:“奚自?”子路曰:“自孔氏。”曰:“是知其不可而为之者与!”**

[译] 子路在鲁城外门过夜。值早班的看门人问道:“你从哪里来?”子路说:“从孔家来。”看门人说:“原来是那个明知做不成却要去做的人啊!”

[读]

从人性文明上升线言，其最高境界为难于达到的“不可”者；而人性向下即走向堕落、向恶，不向上努力即易下滑，故必努力向上而“为之”。正由于儒学严格按文明上升线艰苦努力，而成就伟大仁学即人格学，成为中华民族元意识，并积极影响世界。

[原文]

14.39 子击磬(qìng)于卫。有荷蒉(kuì)而过孔氏之门者，曰：“有心哉，击磬乎！”既而，曰：“鄙哉，硁硁乎！莫己知也，斯己而已矣。‘深则厉，浅则揭。’”子曰：“果哉！末之难矣。”

[译]

孔子在卫国，有一天正在击磬。有位挑着草筐的人从孔子家门前走过，说：“击磬声里有深意啊！”一会儿，又说：“没有远见啊，硁硁声在固守自我啊！没有人了解自己，就坚守自我算了。‘水深就穿着衣服过河；水浅就提起衣服过河。’”孔子说：“果决啊！没有办法反驳了。”

[读]

“荷蒉”者精通诗乐，能从磬声里听到心理活动并引述诗句表达见解，为“大隐隐于市”之高士。避世、入世之别，见证孔子之可贵与伟大。“出处之际，夫子以道为衡。”(《论语正义》)孔子严守仁学方法，直面艰辛，从而成为人类精神导师。

[原文]

14.40 子张曰：“《书》云：‘高宗谅阴，三年不言。’何谓也？”子曰：“何必高宗？古之人皆然。君薨(hōng)，百官总己以听于冢宰三年。”

[译] 子张说："《尚书》说：'殷高宗住在守孝的草庵里，三年不说话。'什么意思呢？"孔子说："怎么只是殷高宗呢？古人都这样。国君逝世，新君三年不问政事，百官各负其责，听命于宰相。"

[读] 此为读书提疑答问例。武丁为商中兴之君，距今约三千五百年。远古遗风很盛，民族纵势发展特征使然。

[原文] 14.41 子曰："上好礼，则民易使也。"

[译] 孔子说："领导者讲究文明规范，百姓就容易指挥。"

[读] 文明规范，首先规范领导者、长者。领导者、长者自觉遵守礼法，而且情感上乐于接受，便会产生人格影响力。

[原文] 14.42 子路问君子。子曰："修己以敬。"曰："如斯而已乎？"曰："修己以安人。"曰："如斯而已乎？"曰："修己以安百姓。修己以安百姓，尧舜其犹病诸！"

[译] 子路问怎样做有道德修养的人。孔子说："修养自己以使自己有恭敬心。"子路又问："这样就够了吗？"孔子说："修养自己以使周围的人安乐。"子路又问："这样就够了吗？"孔子说："修养自己以使百姓安乐。修养自己以使百姓安乐，恐怕尧、舜也会以之为苦啊。"

敬,修齐治平之本。清陆陇其《松阳讲义》卷九云:“一切致知力行工夫,都是敬做成的。”安人、安百姓,“皆敬之至也”(《论语集释》)。子路三问而至尧舜境界。以子路比尧舜,示人格平等;“尧舜其犹病诸”,示人格影响之困难;而要求越高,修身越严,根在修身。 [读]

14.43 原壤夷俟。子曰:“幼而不孙弟,长而无述焉,老而不死,是为贼。”以杖叩其胫。 [原文]

原壤分开两腿坐在地上,等待孔子。孔子说:“小时候不懂得孝悌,长大了就没有可称道的德业成就,老了还不死,真是个祸害。”用手杖碰碰他的小腿。 [译]

《礼记》云:“原壤母死,登木而歌,夫子若为弗闻而过之。”可能原壤另有主张,与孔子不同道。 [读]

14.44 阙党童子将命。或问之曰:“益者与?”子曰:“吾见其居于位也,见其与先生并行也。非求益者也,欲速成者也。” [原文]

阙里的一位少年为主宾传话。有人问到他,说:“是位求上进的孩子吗?”孔子说:“我看见他坐在成年人的位子上,看见他和长辈并肩走路。不是要求上进的孩子,是急于求成的孩子。” [译]

“急于求成”为做人、求学、求艺、事业之大忌,违反规律、情理就会“欲速,则不达”(13.17)。 [读]

卫灵公第十五

[原文]

15.1 卫灵公问陈于孔子。孔子对曰："俎(zǔ)豆之事，则尝闻之矣；军旅之事，未之学也。"明日遂行。

[译]

卫灵公向孔子询问军队列阵的方法。孔子回答说："礼仪的事情，我曾经学习过；军队的事情，我没有学习过。"第二天就离开了卫国。

[读]

此章亦"子言卫灵公之无道也"(14.19)，亦"固"(14.32)者，故"屈身以伸道"(《法言》)。或以孔子"贱兵而重礼也"，非。军旅之事，儒学所重，本书屡论之，如政事要"足兵"(12.7)，要"教民战"(13.30)，要"慎战"(7.13)。孔子是懂得军事的，《史记》曾载，冉有称跟孔子学习过军事，并率兵"与齐战于郎，克之"。此所对为托词。

[原文]

15.2 在陈绝粮，从者病，莫能兴。子路愠见，曰："君子亦有穷乎?"子曰："君子固穷，小人穷斯滥矣。"

[译]

孔子在陈国断绝了粮食，跟随他的学生饿极了，站不起来。子路很不高兴地来见孔子，说："有道德修养的人也有没有办法的时候吗?”孔子说:“有道德修养的人没有办法,也坚守着;没有道德修养的人没有办法,就会胡作非为了。”

[读]

孔子“厄于陈蔡”,在哀公六年。时为各国重用知识分子的大时代。孔子周游列国,游说各国君主,为国之贵宾,其君、大夫“必馈之饩”,礼遇甚高。然亦有“不恤宾旅”者,此次孔子即因战争而“不火食者”数日。

[原文]

15.3 子曰:“赐也,女以予为多学而识之者与?”对曰:“然。非与?”曰:“非也。予一以贯之。”

[译]

孔子说:“子贡啊,你以为我是广泛地学习并且记住它的人吗?”子贡说:“是的。不是吗?”孔子说:“不是的。我用一个基本方法贯穿它。”

[读]

《史记》言此对话在前章所言“绝粮”时。“多学而识之”为认识方法。“一以贯之”同于“吾道一以贯之”(4.15),道即方法。任何一个具体的概念都不能“贯”之于全部事物和“道”,只能是“正名”(13.3)的定义方法。不同于形式逻辑论辩的一贯性,而是因不同个性、不同具体事物而给出不同解释,为仁学即人格学定义方法。孔子前后两次提出本命题,俱要学生自己回答,成为定义特征。《史记》引此章前有“子贡色作”语,当为夫子启发子贡在此困境如何认识做人之道。后孔子派子贡去楚,楚欲封“书社地七百里”给孔子,卫国亦曾拟“奉粟六万(斗)”。齐田常之乱后,子贡奉孔子命出使五国,越君郊迎三十舍,奉“金百镒”等而“不受”。可见孔子及其弟子地位极高,为各国所重视。

[原文] 15.4 子曰:“由!知德者鲜矣。”

[译] 孔子说:“子路!懂得‘德’的人少啊。”

[读] 本章孔子强调要自觉遵循仁学伦理原则做人。

[原文] 15.5 子曰:“无为而治者,其舜也与?夫何为哉?恭己正南面而已矣。”

[译] 孔子说:“自己不必做什么,天下就和谐清明的,大概是舜吧?他做什么呢?恭敬端庄地坐在王位上就行了。”

[读] 孔子强调“无为”,“以顺天命而已”,即遵循客观条件,“尽尧之道”(董仲舒语);如同“举众贤在位”(《新序》),则不必亲劳。此为仁政之极。

[原文] 15.6 子张问行。子曰:“言忠信,行笃敬,虽蛮貊(mò)之邦,行矣。言不忠信,行不笃敬,虽州里,行乎哉?立则见其参于前也,在舆则见其倚于衡也,夫然后行。”子张书诸绅。

[译] 子张问怎样行得通。孔子说:“说话忠诚信实,行为厚道恭敬,即使在边远落后国家也行得通。说话不忠诚信实,行为不厚道恭敬,即使在本乡本土能行得通吗?站立的时候,就看见‘忠诚信实,厚道恭敬’几个字直立在前面;在车

箱内，就仿佛看见‘忠诚信实，厚道恭敬’几个字刻在车前横木上。这样做了以后，就会行得通。”子张把这段话写在腰间衣带子上。

[读] “言忠信，行笃敬”本意仍为“修己”，以“修己”而不是武力“行”于人类，为仁学即中华民族元意识基本原则。

[原文] 15.7 子曰：“直哉，史鱼！邦有道，如矢；邦无道，如矢。君子哉，蘧伯玉！邦有道，则仕；邦无道，则可卷而怀之。”

[译] 孔子说：“史鱼真正直啊！国家政治清明，像箭一样直；国家政治黑暗，也像箭一样直。蘧伯玉真是有道德修养的人啊！国家政治清明，出来任职；国家政治黑暗，就把才能藏起来。”

[读] 史鱼此人“生而不能正君，则死无以成礼”，病终前命陈尸牖下，国君感而行之。孔子称“尸谏”。蘧伯玉（见14.25）则“无可无不可”，二人一硬一韧。

[原文] 15.8 子曰：“可与言而不与之言，失人；不可与言而与之言，失言。知者不失人，亦不失言。”

[译] 孔子说：“可以跟他谈话，却没有谈，错过人才；不可以跟他谈话，却跟他谈，白费口舌。明智的人，不错过人才，也不白费口舌。”

[读] 君子以“贵言”而“尊身”“重道”，同时还要“识人”，且“导人必因其性”（《中论》）。

[原文] **15.9 子曰：“志士仁人，无求生以害仁，有杀身以成仁。”**

[译] 孔子说：“深明大义的人和有人格的人，不贪生而损害人格，会牺牲生命来成全人格。”

[读] 人格重于生命，见义勇为者视邪恶为对自己人格的侵犯而站出来。从逻辑上说，“无”周延，含一切“志士仁人”；“有”不周延，其中有不杀身而成仁者，如管仲。

[原文] **15.10 子贡问为仁。子曰：“工欲善其事，必先利其器。居是邦也，事其大夫之贤者，友其士之仁者。”**

[译] 子贡问怎么培养人格。孔子说：“工匠想把自己的活计做好，必须先磨利自己的工具。居住在这个国家，一定要服务好大夫中的优秀者，并和有人格的士人交朋友。”

[读] 此章所言“利其器”喻学习锻炼过程，“大夫之贤者”“士之仁者”为学习对象。学习如工具之磨砺过程，要砥砺出火花，要动筋正骨，才能磨出锋芒。

[原文] **15.11 颜渊问为邦。子曰：“行夏之时，乘殷之辂，服周之冕，乐则《韶》《武》。放郑声，远佞人。郑**

声淫，佞人殆。”

[译] 颜渊问怎样建立国家制度。孔子说：“实行夏朝历法，乘坐商朝木车，戴周朝礼帽，音乐就用舜的《韶》乐和周的《武》乐。舍弃郑地音乐，疏远唱高调的人。郑地音乐萎靡，唱高调的人危险。”

[读] 本章所言“为邦”意为“继周而王”之道，体现“因损益”发展规律和人性文明上升之要求。所举之例为舜、夏、商、周四朝内容：夏历为阴历，适于农业，沿用至今，为天文学；商辂较周之金玉象牙装饰更为朴素；周冕后高前低，“盖在上位者易骄矜，欲令志下也”；舜时《韶》乐更契合人性之淳朴，《武》乐则有时代感，会振奋精神。以上内容包括政治、文化、科学等方面，体现出进步倾向。或谓孔子唯与颜子言此，为“道高于君”例；或谓“革命兴新”之时代与孔子抱负使然。

[原文] 15.12 子曰：“人无远虑，必有近忧。”

[译] 孔子说：“人没有长远的考虑，一定有近期的忧患。”

[读] 本章所“远虑”者在“道”，在方法的性质及其后果。儒学之道，讲仁爱、中道、秩序，符合人性文明上升线；而反文明的方法只能出现恶果。

[原文] 15.13 子曰：“已矣乎！吾未见好德如好色者也。”

[译] 孔子说："算了吧！我没有见过爱好美德像喜爱美貌一样的人。"

[原文] 15.14 子曰："臧文仲其窃位者与！知柳下惠之贤而不与立也。"

[译] 孔子说："臧文仲大概是个窃取职位的人吧！他明知柳下惠贤德，却不举荐他和自己一起并立朝廷。"

[读] 孔子此言意在指明不能公平无私对待人才，即违背仁政要求。明代顾梦麟《四书说法》曰："权臣无不蔽贤，匪独量隘，实是持位保禄之心胜耳。""窃位"二字，实在是重笔。

[原文] 15.15 子曰："躬自厚而薄责于人，则远怨矣。"

[译] 孔子说："多责备自己而少责备别人，就远离抱怨了。"

[读] 此章所言为严于修己，影响人而不苛求于人的人格学态度。董仲舒曰："以仁治人，义治我。"而"不肖者"相反。

[原文] 15.16 子曰："不曰'如之何，如之何'者，吾末如之何也已矣。"

[译] 孔子说："不问'怎么办，怎么办'的人，我对他也不知怎么办了。"

此章主张深思提问。“子入太庙,每事问”(3.15),不问、不语的颜渊被以为“愚”(2.9),好问的宰我列为“十哲”。此则意近“羞问者圣人去之。以为远功而近有灾”(《春秋繁露》)。现代提倡怀疑精神,对权威、定则持怀疑态度,以求真知。 [读]

15.17 子曰:“群居终日,言不及义,好行小慧,难矣哉!” [原文]

孔子说:“一伙人整天聚在一起,说些没有意义的话,喜欢耍小聪明,这就难办了。” [译]

顾炎武曾以“饱食终日,无所用心,难矣哉”(17.22)对比北方、南方学者,与钱钟书所言“学术会议”上“不三不四之人,说些不三不四之话”同调。 [读]

15.18 子曰:“君子义以为质,礼以行之,孙以出之,信以成之。君子哉!” [原文]

孔子说:“有道德修养的人把公正合理作为根本依据,按文明规范实行它,用谦逊的语言表达它,靠诚信完成它。这是有道德修养的人啊!” [译]

义为性质,礼、逊、信为方法,是义之体现与保证;方法不义,性质即恶。“质犹性也”,为本为干。清陆陇其《松阳讲义》云:“是义上稍差,这件事犹如没枝干一般,纵做得来惊天动地也不中用。”又云:“小人利以为质,本质丧尽。”义 [读]

若合理，必合乎仁爱，合乎人性文明上升线，合乎人类文明史主流。不义而“成”即罪恶。用谦逊、诚信等文明规范，从全过程加以制约，保证“义”的实现，这才经得起历史和良知的验证。

[原文]　15.19 子曰：“君子病无能焉，不病人之不己知也。”

[译]　孔子说：“有道德修养的人只担心自己没有能力，不担心别人不知道自己。”

[原文]　15.20 子曰：“君子疾没世而名不称焉。”

[译]　孔子说：“有道德修养的人最遗憾身后名字不被称颂。”

[读]　名即人格影响力。孔子曾曰：“君子去仁，恶乎成名？”(4.5)《周易·系辞下》云：“善不积，不足以成名。”袁枚有联曰：“名须没世称方好；书到今生读已迟。”能够避免生前虚名的干扰，方为“没世称名”正解。

[原文]　15.21 子曰：“君子求诸己，小人求诸人。”

[译]　孔子说：“有道德修养的人要求自己，没有道德修养的人要求别人。”

[读]　人人以做好自己为己任，违此而不能担当，即“小人”。

仁学即人格学要义在此。

15.22 子曰："君子矜而不争，群而不党。" [原文]

孔子说："有道德修养的人庄敬自守而与人无争，合群却不搞宗派。" [译]

"矜不失己，群不专己"，为本人人格界限，既不丢掉独立与尊严"持己"，又不以宗派、小圈子压制、排斥人而"专己"。 [读]

15.23 子曰："君子不以言举人，不以人废言。" [原文]

孔子说："有道德修养的人不凭一个人的好言论就推荐他，不因为人品不好就废弃他的好言论。" [译]

前者"徒言者不得幸进"，后者"言路不至壅塞"，为从政之言。而文化上则人品第一，艺如其人。人品低下者艺则不传，如秦桧、蔡京书法。 [读]

15.24 子贡问曰："有一言而可以终身行之者乎？"子曰："其'恕'乎！己所不欲，勿施于人。" [原文]

子贡问道："有一个字可以一生奉行的吗？"孔子说："应当是'恕'吧！自己不想要的，不要强加给别人。" [译]

"己所不欲，勿施于人"（12.2）为伦理"黄金法则"。仁 [读]

学倡导人格平等，为“仁者爱人”（12.22）的要求。仁学亦倡导“推己及物”，“自家而国而天下”（《论语集释》）。“立人达人”（6.30）或有所难，“己所不欲，勿施于人”唯在一念，故可终身奉行。

［原文］

15.25 子曰：“吾之于人也，谁毁谁誉？如有所誉者，其有所试矣。斯民也，三代之所以直道而行也。”

［译］

孔子说：“我对待人，诋毁过谁？称赞过谁？如果有称赞过的人，那也是考察过的。夏、商、周都是这样的人，所以他们能正直无私地做事。”

［读］

此章所言“三代”之“周”当指西周。或以“曲法”与“直道”对举，郭象《论语体略》云：“无心而付之天下者，直道也；有心而使天下从己者，曲法也。”以完全遵从客观规律为“直道”。

［原文］

15.26 子曰：“吾犹及史之阙文也。有马者借人乘之，今亡矣夫。”

［译］

孔子说：“我还看到过史书上存疑不记载的地方。如同有马的人，把马借给别人先骑，如今没有这种人啊！”

［读］

此章讽无据而书史及不会驯马而硬驯之世风。“阙文”，《日知录》以孔子修《春秋》不以别国历史为例，推知鲁史为补。

15.27 子曰:“巧言乱德。小不忍,则乱大谋。” [原文]

孔子说:“花言巧语扰乱道德。小处不忍让,就会扰乱大的计划。” [译]

此章云“巧言”背离“直道”。“小不忍”“乱大谋”以义分。或“不忍忿”,不能以义“割恩”“吝财”,乃至“壮士断腕”(《论语疏证》) [读]

15.28 子曰:“众恶之,必察焉;众好之,必察焉。” [原文]

孔子说:“大家都厌恶他,一定要去考察;大家都喜欢他,一定要去考察。” [译]

人格在社会关系中建立,在人与人的相处中形成。“众”的态度,重要但不能盲从。“或众阿党比周(附),或其人特立不群”,“唯仁者能好人,能恶人”,故不以数量为准。 [读]

15.29 子曰:“人能弘道,非道能弘人。” [原文]

孔子说:“人能把真理发扬光大,不是真理能把人发扬光大。” [译]

道是仁学、人格学方法,即真理。其发扬与否,全在人的自觉践行。 [读]

[原文] 15.30 子曰:“过而不改,是谓过矣。”

[译] 孔子说:“错误却不改正,这才叫错误啊。”

[读] 此章强调有过必纠。江熙云:“一过,容恕又文,则成罪也。”(《论语义疏》)言初违正道,既宽恕又文饰,即罪恶。

[原文] 15.31 子曰:“吾尝终日不食,终夜不寝,以思,无益,不如学也。”

[译] 孔子说:“我曾经整天不吃,整夜不睡,去反复思考,没有好处,不如去学习。”

[读] 此章言接受前人成果是创造前提。有如此深切之探索后,孔子才提出学与思之关系。

[原文] 15.32 子曰:“君子谋道不谋食。耕也,馁在其中矣;学也,禄在其中矣。君子忧道不忧贫。”

[译] 孔子说:“有道德有眼界的人谋求人生真理,不谋求衣食。耕田,也会挨饿;学习,也可以得俸禄。有道德有眼界的人担心得不到人生真理,不担心贫困。”

[读] 此章言鼓励学习仁学。王符《潜夫论》云:“耕,食之本也;以心原道,即学,又耕之本也。”学可获禄,为社会分工使然。所学为人格学之道与方法,将造福包括“耕”者在内的

一切人，首先是自己。“禄”仅在“其中”，一部分人而已，与耕或“馁”俱“未必”。

15.33 子曰：“知及之，仁不能守之；虽得之，必失之。知及之，仁能守之；不庄以莅（lì）之，则民不敬。知及之，仁能守之，庄以莅之；动之不以礼，未善也。” ［原文］

孔子说：“靠才智得到官职，仁爱心不足也难以保持它；即使得到了职务，也一定会失掉它。靠才智得到官职，仁爱心足以保持它，然而不庄重地对待职务，那么百姓也不敬重他。靠才智得到官职，仁爱心足以保持它，庄重地对待职务；职务行动不靠文明规范约束，也不完善。” ［译］

《论语集解》释为“居官临民之法”，即从政职务人格。智、仁、恭、礼，以“仁”为中心。孟子云：“天子不仁，不保四海；诸侯不仁，不保社稷。”或以“仁”观“守天下”，仁者最久，不仁者最短。 ［读］

15.34 子曰：“君子不可小知而可大受也，小人不可大受而可小知也。” ［原文］

孔子说：“有眼界且心胸开阔的人，不可从小处赏识，而可接受重大任务；眼界低且心胸狭窄的人，不可接受重大任务，而可从小处对其予以认可。” ［译］

此章之君子、小人从心理品质言。此义之“小人”亦可 ［读］

为人才,要在量才是用。

[原文] 15.35 子曰:“民之于仁也,甚于水火。水火,吾见蹈而死者矣,未见蹈仁而死者也。”

[译] 孔子说:“人对于仁爱的需要,超过对水、火的需要。我见过踏足水、火而死的人,没见过践行仁爱而死的人啊。”

[读] 此章勉人多行爱心,强调精神之仁爱超越物质之“水火”。人之所以为人,原因在此。

[原文] 15.36 子曰:“当仁,不让于师。”

[译] 孔子说:“‘仁’字面前,对老师也不谦让。”

[读] 此章言“礼让”者为利,“当仁”者全为奉献,故其“不让”。

[原文] 15.37 子曰:“君子贞而不谅。”

[译] 孔子说:“有道德有眼界的人坚守正道,而不拘泥固执。”

[读] 贞者,正也,贾谊云“言行抱一谓之贞”。谅者,信而不通,犹固执也。或言贞为“大信”,谅为“小信”。

[原文] 15.38 子曰:“事君,敬其事而后其食。”

孔子说："服务于国君，要恭谨认真地工作，俸禄的事放在后面。" [译]

此章即"先难而后获，可谓仁矣"(6.22)之一例。 [读]

15.39 子曰："有教无类。" [原文]

孔子说："实行教育，不分什么人。" [译]

"有教无类"是仁学思想的必然要求，体现人格平等与人"性相近也"(17.2)之理念，为"兴于诗，立于礼，成于乐"(8.8)人性上升的具体实施，亦为民族元意识传承所必须。 [读]

15.40 子曰："道不同，不相为谋。" [原文]

孔子说："方法路径不相同，就不会互相谋划。" [译]

所谓"不同"，亦"如善恶邪正之异"(朱熹注)。 [读]

15.41 子曰："辞，达而已矣。" [原文]

孔子说："言词，足以达意就可以了。" [译]

达者，通显而非文饰，必"修辞立其诚"(《周易·文言》)。 [读]

[原文]

15.42 师冕见,及阶,子曰:“阶也。”及席,子曰:“席也。”皆坐,子告之曰:“某在斯,某在斯。”师冕出。子张问曰:“与师言之道与?”子曰:“然。固相师之道也。”

[译]

盲人乐师冕来见孔子,走到台阶前,孔子说:“这是台阶。”走到席子前,孔子说:“这是席子。”大家都坐下,孔子说:“某某在这里,某某在这里。”乐师冕出去后,子张问道:“这是同乐师人谈话的方法吗?”孔子说:“是的。这本来就是帮助乐师的方法啊。”

[读]

为师者一言一行都会影响学生,本章即为一例。古代乐师一般为盲人。

季氏第十六

[原文]

16.1 季氏将伐颛(zhuān)臾(yú)。冉有、季路见于孔子,曰:“季氏将有事于颛臾。”孔子曰:“求!无乃尔是过与?夫颛臾,昔者先王以为东蒙主,且在邦域之中矣,是社稷之臣也。何以伐为?”冉有曰:“夫子欲之,吾二臣者皆不欲也。”孔子曰:“求!周任有言曰:‘陈力就列,不能者止。’危而不持,颠而不扶,则将焉用彼相矣?且尔言过矣,虎兕(sì)出于柙(xiá),龟玉毁于椟(dú)中,是谁之过与?”冉有曰:“今夫颛臾,固而近于费。今不取,后世必为子孙忧。”孔子曰:“求!君子疾夫舍曰欲之而必为之辞。丘也闻,有国有家者,不患寡而患不均,不患贫而患不安。盖均无贫,和无寡,安无倾。夫如是,故远人不服,则修文德以来之。既来之,则安之。今由与求也,相夫子,远人不服,而不能来也;邦分崩离析,而不能守也;而谋动干戈于邦内。吾恐季孙之忧,不在颛臾,而在萧墙之内也。”

[译]

季孙将要攻打颛臾。冉有、子路来见孔子,说:“季氏将要对颛臾用兵。”孔子说:“冉有!这难道不是你的错误吗?颛臾是周先王封在蒙山的主祭,而且那地方早就在鲁国初封疆域内,是鲁国的臣属啊,为什么要去攻打它呢?”冉有说:“季孙大夫想这样做,我们两个当臣子的都不愿意。”孔子说:“冉有!周任说过:‘量力任职,不胜任就辞职。’盲人有危险不扶持,跌倒了不搀扶,那还要辅助的人做什么?而且你的话错了。老虎、犀牛从笼子里跑出来,龟甲、玉器在柜子里毁坏了,这是谁的过错呢?”冉有说:“现在颛臾的城墙既坚固,又靠近费邑,如果现在不占领,将来一定会给子孙留下祸患。”孔子说:“冉有!有道德修养的人讨厌那种不说自己想这么干,而一定找借口辩解的行为。我听说过,有封国的诸侯和有封邑的大夫不担心财富不足,而担心分配不均衡;不担心人口少,而担心社会不安定。分配均衡,就没有贫穷;社会和谐,就不怕人口少;国家安定,就不会倾覆。如果这样,远方的人还不归服,就加强仁政礼乐教化来吸引他们。他们已经来了,就使他们安心。现在子路和冉有辅助季氏,远方的人不归服,却不能吸引他们来;国家分崩离析,又不能守护;反而要在国境内动用武力。我恐怕季孙的忧患不在颛臾,而在鲁国宫廷内啊。”

[读]　季氏伐颛臾,意在瓦解鲁君势力,免被以“不臣”除掉。二人藉夫子而中止。雄辩的论述,让我们看到夫子的另一种文风,所论仁政实施方针,影响深远。对内“不患寡而患不均”,即“政教均平”“上下和同”“小大安宁”(《论语集解》)。而分配公平合理,“大体均富”(13.9)为基础。对外,“远人”靠仁政之修明,靠礼乐文化之博大吸引,而不是靠征服威慑。中华民族即以此而壮大发展。

[原文]　16.2 孔子曰:“天下有道,则礼乐征伐自天子出;天下无道,则礼乐征伐自诸侯出。自诸侯出,盖十世

希不失矣；自大夫出，五世希不失矣；陪臣执国命，三世希不失矣。天下有道，则政不在大夫。天下有道，则庶人不议。”

[译] 孔子说：“天下政治清明，那么文明规范、诗乐制度和出兵征讨，由天子决定；天下政治混乱，那么文明规范、诗乐制度和出兵征讨，由诸侯决定。由诸侯决定，大概传到十代很少不失去的；由大夫决定，五代很少不失去的；大夫的家臣把持国家政权，三代很少不失去的。天下政治清明，国家政权就不会在大夫手里。天下政治清明，百姓就不会议论纷纷。”

[读] 此章孔子所言“自诸侯出”等例俱有历史事实。所谓“庶人不议”，则上有“公议”；士有“言责”，则民有“传语”；言路壅塞则“非议于下”，乃至“道路以目”。

[原文] 16.3 孔子曰：“禄之去公室五世矣，政逮于大夫四世矣，故夫三桓之子孙微矣。”

[译] 孔子说：“国家政权不在鲁君已经五代了，政权落到卿大夫手中已经四代了，所以鲁桓公的三世子孙都衰微了。”

[读] 此章为前章论述之例。“三桓之子孙微矣”，以越政篡权为危亡之兆。

[原文] 16.4 孔子曰：“益者三友，损者三友。友直，友谅，友多闻，益矣。友便辟，友善柔，友便佞，损矣。”

[译] 孔子说："有益的朋友有三种，有害的朋友有三种。同正直的人交朋友，同诚实的人交朋友，同博学的人交朋友，就有益了。同做作的人交朋友，同伪善的人交朋友，同狡辩的人交朋友，就有害了。"

[读] 或谓三友、三乐（见16.4），"皆指人君言"。以"君臣言朋友"，为"人合"之义。

[原文] **16.5 孔子曰："益者三乐，损者三乐。乐节礼乐（yuè），乐道人之善，乐多贤友，益矣。乐骄乐，乐佚游，乐晏乐，损矣。"**

[译] 孔子说："有益的快乐有三种，有害的快乐有三种。以文明规范和诗乐的节制为乐，以称赞别人的好处为乐，以多交贤明朋友为乐，就有益了。以骄傲放纵为乐，以闲逸游荡为乐，以吃喝荒淫为乐，就有害了。"

[读] "礼以谨仪节，乐以养性情""全在日用间应事接物""心安理顺便是孔颜乐处"，以骄逸淫乐为"奇福"，"便陷水火"（以上均见《论语集释》）。

[原文] **16.6 孔子曰："侍于君子有三愆（qiān）：言未及之而言谓之躁，言及之而不言谓之隐，未见颜色而言谓之瞽。"**

[译] 孔子说："侍奉有道德修养的人，有三种过失：不该说话

的时候就说，叫作急躁；该说话的时候不说，叫作隐匿；不看脸色说话，叫作眼瞎。”

［读］此则孔子言“事君子”要在敬与敏，贵在得体。

［原文］**16.7 孔子曰：“君子有三戒：少之时，血气未定，戒之在色；及其壮也，血气方刚，戒之在斗；及其老也，血气既衰，戒之在得。”**

［译］孔子说：“有道德修养的人有三件事要戒备防止：年轻时，气血还不稳定，警诫自己不要贪恋美色；到壮年时，气血正旺，警诫自己不要逞强争斗；到老年时，气血已经衰弱，警诫自己不要贪得无厌。”

［读］孟子云“志者，气之帅”，心理、意志统帅“气血”，须终生修身。

［原文］**16.8 孔子曰：“君子有三畏：畏天命，畏大人，畏圣人之言。小人不知天命而不畏也，狎大人，侮圣人之言。”**

［译］孔子说：“有道德修养的人有三种敬畏：敬畏大自然的给予和限制，敬畏担当重要公职的人，敬畏道德、智慧圆满的人的话。没有道德修养的人，不懂得大自然的给予和限制，因而不敬畏，轻视担当重要公职的人，轻侮道德、智慧圆满的人的话。”

［读］

修养含眼界，为品德修养之一，受内外条件制约。如内在之二重人格，外在之求短期利益、局部利益，眼界便低，而影响品行道德。“天命”对人事一切具终极决定力量。“大人”，职务人格之重要者，包括天子诸侯。人人当敬畏以示重托。孟子说“大人则藐之”缘自“疾固也”（14.32），为对国君之仁学批判，二者立场一致。“圣人之言”多先人智慧和深刻哲理，往往非个人探求可得，“小人”无知而无畏。

［原文］

16.9 孔子曰：“生而知之者，上也；学而知之者，次也；困而学之，又其次也；困而不学，民斯为下矣。”

［译］

孔子说：“富于原创力的天才，是最优等的；主动学习获得知识的人，是次一等的；遇到困难再学习的人，又次一等；遇到困难仍不学习，这样的人是下等的。”

［读］

此章意在“劝学”。“上圣”而下四等，“皆言人资质之殊”。“生而知”当为时语，非字面义；因为“文献不足”（3.9），得不到证明，故不一定合孔子论述原则。当指周公、老子、师襄一类富原创力的天才人物，“作者之圣也”（《论语集释》）。孔子自称为“学而知之”的人。

［原文］

16.10 孔子曰：“君子有九思：视思明，听思聪，色思温，貌思恭，言思忠，事思敬，疑思问，忿思难，见得思义。”

［译］

孔子说：“有道德修养的人有九种思考：看，要思考是否看得明白；听，要思考是否听得清楚；面色，要思考是否温和；仪态，要思考是否谦恭；说话，要思考是否忠诚；做事，要思考是否敬业；疑问，要思考是否请教提问；愤怒，要思考是否有后患；遇见有所获得，要思考是否合乎道义。”

［读］理性、认真的人生态度，有助于提高人格品位，甚至民族素质。

［原文］16.11 孔子曰：“见善如不及，见不善如探汤。吾见其人矣，吾闻其语矣。隐居以求其志，行义以达其道。吾闻其语矣，未见其人也。”

［译］孔子说：“看见好的行为就像唯恐追赶不上一样努力学习，看见不好的行为就像手伸进开水中一样赶紧避开——我看见过这样的人，我也听到过这样的话。隐居来保全自己的志向，按道义行动来贯彻自己的主张——我听到过这样的话，却没见过这样的人。”

［读］向善拒恶容易做到，孔子弟子中即多有。《论语》中提到数位隐士，但能进而“达其道”者，则为数甚少。

［原文］16.12 齐景公有马千驷，死之日，民无德而称焉。伯夷、叔齐饿于首阳之下，民到于今称之。其斯之谓与？

［译］齐景公有四千匹马，死的时候，百姓却不觉得他有什么品德值得称颂。伯夷、叔齐在首阳山下饿死，百姓到今天还

在称颂他们。大概说的就是这个意思吧？

［读］

此章王肃注曰："此所谓以德为称者也。"胡安国谓"荣义不荣势也"（《论语集释》）。伯夷、叔齐"求仁而得仁"，追求并建立了伟大人格，为反暴力而为人类求"万世之道"，为最高之"德"。

［原文］

16.13 陈亢问于伯鱼曰："子亦有异闻乎？"对曰："未也。尝独立，鲤趋而过庭。曰：'学诗乎？'对曰：'未也。''不学诗，无以言。'鲤退而学诗。他日，又独立，鲤趋而过庭。曰：'学礼乎？'对曰：'未也。''不学礼，无以立。'鲤退而学礼。闻斯二者。"陈亢退而喜曰："问一得三：闻诗，闻礼，又闻君子之远其子也。"

［译］

陈亢向伯鱼（孔子的儿子孔鲤）问道："你总也听到过不一样的教诲吧？"孔鲤回答说："没有。父亲曾经独自站在庭院里，我快步走过。他说：'学习诗歌了吗？'我回答说：'没有。'他说：'不学习诗歌，就不知道怎样说话。'我回去就学习诗歌。一天，父亲又独自站在庭院里，我快步走过。他说：'学习文明规范了吗？'我回答说：'没有。'他说：'不学习文明规范，就不知怎样立足社会。'我回去就学习文明规范。我听到这两次教导。"陈亢回去高兴地说："一个疑问得到三点收获：知道学习诗歌的意义，知道学习文明规范的意义，还知道有道德修养的人不偏私自己的孩子。"

［读］

儒学是人格学，没有秘授，陈亢之疑即误。学诗，"事理通达，心气和平，故能言”；学礼，“品节详明，德性坚定，故能立”（朱熹语）。

16.14 邦君之妻，君称之曰“夫人”，夫人自称曰“小童”；邦人称之曰“君夫人”，称诸异邦曰“寡小君”；异邦人称之亦曰“君夫人”。 ［原文］

［译］ 国君的妻子，国君称她为“夫人”，夫人自称为“小童”；国人称她为“君夫人”，对别国称她为“寡小君”；别国人也称她为“君夫人”。

阳货第十七

［原文］

17.1 阳货欲见孔子,孔子不见,归孔子豚。孔子时其亡也,而往拜之。遇诸涂。谓孔子曰:“来!予与尔言。”曰:“怀其宝而迷其邦,可谓仁乎?”曰:“不可。”“好从事而亟(qì)失时,可谓知乎?”曰:“不可。”“日月逝矣,岁不我与。”孔子曰:“诺。吾将仕矣。”

［译］

阳货想见孔子,孔子不去,就赠送一只蒸乳猪给孔子。孔子趁他不在家的时候去回拜,在路上相遇。阳货对孔子说:“过来!我跟你说。”并说:“把自己的才华藏起来,听任国家迷惘,可以叫作仁爱吗?”孔子说:“不可以。”阳货说:“喜欢参与政事却屡次失掉机会,可以叫作聪明吗?”孔子说:“不可以。”阳货说:“时光流逝了,年岁不等人。”孔子说:“好吧,我打算从政了。”

［读］

此章为“陪臣执国命”(16.2)之例,“以顺词免害也”。

［原文］

17.2 子曰:“性相近也,习相远也。”

［译］

孔子说:“人的天性本来是相近的,生活习染不同而相差远了。”

[读]

“君子重所习”，当包括环境影响和教育等。孔子强调在家庭温情和六艺教育中，以诗乐养性——“兴于诗”而人性上升，继而达于文明规范；“立于礼”而建立人格，再上升而达于“成于乐”(8.8)之最高人性境界。是为仁学，亦其人性论。

[原文]

17.3 子曰：“唯上知与下愚不移。”

[译]

孔子说：“只有最聪明的和最愚笨的人才是改变不了的。”

[读]

或谓“上知”者即“生而知之”的天才式人物，“下愚”者即“困而不学”者(16.9)。或以“知者利仁”(4.2)而智、愚通善、恶，行善者虽迟钝亦“上知”，心术不正者虽敏捷亦“下愚”。

[原文]

17.4 子之武城，闻弦歌之声。夫子莞尔而笑，曰：“割鸡焉用牛刀？”子游对曰：“昔者偃也闻诸夫子，曰：‘君子学道则爱人，小人学道则易使也。’”子曰：“二三子！偃之言是也，前言戏之耳。”

[译]

孔子到武城，听到弹琴唱歌的声音。孔子满脸轻松地笑着，说：“杀鸡哪里用得着宰牛的刀？”子游回答说：“过去我听老师说过：‘有德有位的人学习礼乐就会有爱人之心，百姓学习礼乐就容易听从政令。’”孔子说：“同学们！子游的话是对的，我刚才的话不过跟他开玩笑罢了。”

[读] 子游准确地说出“礼乐”为仁学政治之“道”，即方法；以“礼乐”“文德”培育人性、人格，“弦歌之声”为特征。“齐一变至于鲁”（6.24）是鲁国“以民为本”体制的一个例证。

[原文] **17.5 公山弗扰以费畔，召。子欲往。子路不说，曰：“末之也已，何必公山氏之之也？”子曰：“夫召我者，而岂徒哉？如有用我者，吾其为东周乎！”**

[译] 公山弗扰盘踞着费邑准备反叛季孙氏，并召孔子去。孔子想去。子路不高兴，说：“没有地方去也就算了，为什么一定要去公山氏那里啊？”孔子说：“那个召我去的人，难道白叫我吗？如果有人用我，我将在东方复兴周文王、周武王的仁学方法。”

[读] 季氏“执国命”，公山氏欲“张公室”而反之，故孔子“欲往”；然公山氏实为私而反，故终未往（《论语正义》）。

[原文] **17.6 子张问仁于孔子。孔子曰：“能行五者于天下，为仁矣。”“请问之。”曰：“恭、宽、信、敏、惠。恭则不侮，宽则得众，信则人任焉，敏则有功，惠则足以使人。”**

[译] 子张向孔子问怎样实行仁政。孔子说：“能在世上遵行五种品德，就具备仁德了。”子张说：“请问是哪五种？”孔子说：“恭敬、宽厚、诚信、勤敏、恩惠。恭敬就不会受侮辱，宽厚就会得到百姓拥护，诚信就会得到别人任用，勤敏就会做

出成绩，恩惠就能更好地用人。”

［读］

仁为从政职务人格，“恭为基本”（朱熹语），依靠人格影响力，不“恭”则会受到侮辱，说明人格平等。

［原文］

17.7 佛肸（xī）召，子欲往。子路曰：“昔者，由也闻诸夫子曰：‘亲于其身为不善者，君子不入也。’佛肸以中牟畔，子之往也，如之何？”子曰：“然，有是言也。不曰坚乎？磨而不磷；不曰白乎？涅（niè）而不缁。吾岂匏（páo）瓜也哉？焉能系而不食？”

［译］

佛肸召孔子，孔子想去。子路说：“以前我听老师说过：‘亲身做坏事的人，有道德修养的人不到他那里去。’佛肸据中牟邑反叛，您要去，怎么解释这件事？”孔子说：“是，我说过这话。不是说坚固吗？磨也磨不薄；不是说洁白吗？染也染不黑。我难道是个匏瓜吗？怎么能光挂在那不给人食用呢？”

［读］

至坚者，至白者，喻君子虽在浊乱，然浊乱不能污。杨时曰：“坚白不足，而欲自试于磨涅，其不磷缁也者几希。”（《论语集释》）子路对老师的“不悦”并质问，为儒学“内自讼”（5.27）的自我批判典型案例。尖锐、直接，是其生机所在。

［原文］

17.8 子曰：“由也，女闻六言六蔽矣乎？”对曰：“未也。”“居！吾语女。好仁不好学，其蔽也愚；好知不好学，其蔽也荡；好信不好学，其蔽也贼；好直不好学,其蔽也绞;好勇不好学,其蔽也乱;好刚不好学,其蔽也狂。”

[译]　孔子说:“子路啊,你听说过六字美德和它的六种弊病吗?”子路站起来,回答说:“没有。”孔子说:“坐下!我告诉你。喜欢仁爱,却不喜欢学习,它的弊病是愚昧;喜欢聪明,却不喜欢学习,它的弊病是轻浮;喜欢诚信,却不喜欢学习,它的弊病是害己;喜欢正直,却不喜欢学习,它的弊病是尖刻;喜欢勇敢,却不喜欢学习,它的弊病是闯祸;喜欢刚强,却不喜欢学习,它的弊病是狂妄。”

[读]　此章强调学习以明事理、知真义,否则会美德不美而成弊,为儒学重智、重教育、重学习思想之体现。

[原文]　17.9 子曰:“小子!何莫学夫诗?诗可以兴,可以观,可以群,可以怨。迩(ěr)之事父,远之事君;多识于鸟兽草木之名。”

[译]　孔子说:“同学们!为什么没有人学习《诗》呢?《诗》可以感发精神,可以观察万物风情,可以沟通社会人群,可以讽刺现实、宣泄哀怨。近则懂得怎样侍奉父母,远则懂得怎样侍奉君主;还可以记住很多飞鸟、走兽、花草、树木的名字。”

[读]　此章从三个层面描述诗的特征,首要为“兴”。兴,“感发”人性上升,为诗的性质,亦“引譬”“托事”等方法,并统领、规定“观”“事君”“鸟兽”三个社会、国家、自然层面内容

上升性质，以观察力、沟通力、批判力保证人性上升。民族传统文化为元意识所派生之有机组成部分，失去传统文化即失去其元意识与民族性。中华民族元意识之此岸性世界观要求文化艺术提升补偿其精神性。

17.10 子谓伯鱼曰："女为《周南》《召南》矣乎？人而不为《周南》《召南》，其犹正墙面而立也与！" [原文]

孔子对孔鲤说："你学习践行《周南》《召南》了吗？一个人如果不学习践行《周南》《召南》，那就像紧贴墙壁站立一样啊！" [译]

此章言孔子指导孔鲤正确、主动进行婚恋行为，否则将会失去"人"性而遭到孤立。《周南》《召南》为"国风之始"，共二十六篇，近二十篇言爱情、夫妇。夫妇之道为健康人生常道。"君子之道造端乎夫妇"(《中庸》)，夫妇为五伦之基。孔鲤已适龄，故孔子鼓励孔鲤参与乡学中青年们的歌舞活动。 [读]

17.11 子曰："礼云礼云，玉帛云乎哉？乐云乐云，钟鼓云乎哉？" [原文]

孔子说："文明规范啊，文明规范啊，仅仅是说美玉和丝帛吗？音乐啊，音乐啊，仅仅是说钟和鼓吗？" [译]

"人而不仁，如礼何？人而不仁，如乐何？"(3.3)为本则之解。"乐以治内而为同，礼以修外而为异；同则和亲，异 [读]

则畏敬。”(《汉书·礼乐志》)礼从互“敬”而内化为人格养成,达至人格平等;乐达于人群之“和”,而内化为人性向善即向上。

[原文]　17.12 子曰:“色厉而内荏,譬诸小人,其犹穿窬(yú)之盗也与?”

[译]　孔子说:“外表威严而内心虚弱的人,如果拿没有道德的人来比喻他,大概像个挖洞爬墙的小偷吧?”

[读]　“直道而行”(15.25)且里表如一,为做人本色。“外厉”以掩饰内心之“内荏”,是为二重人格,低下如贼。

[原文]　17.13 子曰:“乡愿,德之贼也。”

[译]　孔子说:“不分是非的老好人,是道德的败坏者啊。”

[读]　孟子曰:“同乎流俗,合乎污世。居之似忠信,行之似廉洁。众皆悦之,自以为是,而不可与入尧舜之道。故曰‘德之贼也’。”似可解释孔子“乡愿”之言。

[原文]　17.14 子曰:“道听而途说,德之弃也。”

[译]　孔子说:“在路上听到谣言就四处传播它,这是应该革除的品行啊。”

[读]　“此为暗于大道,不知审择者戒也”(《论语正义》),

“君子疑则不言,未问则不言”(《荀子》),接受新思想当以“大道”为“审择”尺度,凡经不住人格学的仁爱文明方法追问、质疑者,则不接受、不确立。此乃儒学学术品格,即学者职务人格之要求。

17.15 子曰:“鄙夫可与事君也与哉?其未得之也,患得之;既得之,患失之。苟患失之,无所不至矣。” [原文]

孔子说:“一个卑鄙的人,可以跟他一起侍奉国君吗?他没有得到的时候,只怕得不到它;已经得到了,又怕失去它。只要怕失去它,那就没有什么事做不出来了。” [译]

士有三品。志于道德者,功名不足以累其心;志于功名者,富贵不足以累其心;志于富贵者,则亦无所不至矣。三者分别为“圣贤之徒、豪杰之士和鄙夫”(朱熹注)。儒学为培养强者的学问,仁者即强者。内心强大,有“浩然之气”,则能礼让、妥协、舍弃,而“患失”者则只能引起争斗甚或丢掉身家性命,“鄙”之甚也! [读]

17.16 子曰:“古者民有三疾,今也或是之亡也。古之狂也肆,今之狂也荡;古之矜也廉,今之矜也忿戾;古之愚也直,今之愚也诈而已矣。” [原文]

孔子说:“古代人有三种毛病,现在或许连这也没有了。古代狂放的人肆意直言,如今狂放的人放荡不羁;古代清高的人有棱角不可冒犯,如今清高的人骄横无理;古代的愚人 [译]

正直,如今的愚人却不过善于欺诈罢了。”

[读] 此章言古“疾”乃“气禀”之偏,不失为“直”;今乃世风习染“教化”之偏,失去本色。时代愈发展,愈要加强民族元意识教育。

[原文] **17.17 子曰:“巧言令色,鲜矣仁。”**

[译] 孔子说:“花言巧语,一副谄媚的脸色,这种人不会有多少仁德。”

[原文] **17.18 子曰:“恶紫之夺朱也,恶郑声之乱雅乐也,恶利口之覆邦家者。”**

[译] 孔子说:“我讨厌紫色取代红色,讨厌郑地小调扰乱典雅音乐,讨厌巧嘴利舌颠覆国家的人。”

[读] 此章言三者不利于安邦治国,故“恶”。“邦家”即“国家”。

[原文] **17.19 子曰:“予欲无言。”子贡曰:“子如不言,则小子何述焉?”子曰:“天何言哉?四时行焉,百物生焉。天何言哉?”**

[译] 孔子说:“我不想说话了。”子贡说:“您如果不说话,那么学生传述什么呢?”孔子说:“天说了什么呢?四季在那里运行,万物在那里生长。天说了什么呢?”

[读] 此为儒学宇宙观、世界观。王弼释曰:“盖欲明本。举本统末而示物于极者也。”“则天而行化。”(《论语集解》)“唯天为大”(8.19),天,“无对”(朱熹语),即大自然,为“本”,为“极者”,为终极决定力量。“无对”之“天”即宇宙,“四时”“百物”之“天”即世界,宇宙“生”世界,包括人。“成己成物一本原处”(《经正录》),故接受其给予与限制之“命”(2.4,14.36,20.3),建立人生观、人格;不重论辨而重实践,重人格影响力;重节律、规范、秩序;要自强不息,生生不已,爱及万物等。来自自然,效法自然,融入自然,所谓“天人合一”,实靠理性。此即儒学的宇宙观、世界观。在孔子,则表明超越“礼”而达于“成于乐”(8.8)的最高精神境界,同于“莫我知也夫”(14.35)。终极决定力量的认定,是民族元意识的根本。其终极性和唯一性,决定民族精神的稳定性、凝聚力、生命力,以及如何与外族相处。中华民族有如此的辉煌历史,根本原因在此。

[原文] 17.20 孺悲欲见孔子,孔子辞以疾。将命者出户,取瑟而歌,使之闻之。

[译] 孺悲想见孔子,孔子推辞有病不见。传话的人刚出家门,孔子就拿起瑟弹唱,故意让孺悲听到。

[读] 少者初见长者,要有人介绍,否则即失礼;少者或有他过,故孔子以此“教育”之,令自省。

[原文] 17.21 宰我问:“三年之丧,期已久矣。君子三年

不为礼，礼必坏；三年不为乐，乐必崩。旧谷既没，新谷既升，钻燧改火，期(jī)可已矣。”子曰：“食夫稻，衣夫锦，于女安乎？”曰：“安。”“女安，则为之。夫君子之居丧，食旨不甘，闻乐不乐，居处不安，故不为也。今女安，则为之。”宰我出。子曰：“予之不仁也！子生三年，然后免于父母之怀。夫三年之丧，天下之通丧也。予也有三年之爱于其父母乎！”

[译] 宰我问道：“父母死后服丧三年，期限太长了。在位的人三年不举行文明规范活动，文明规范一定会废弃；三年不举行音乐活动，音乐一定会失传。旧谷用完，新谷登场，钻木取火的木头轮换过一遍，服丧一年，就可以了。”孔子说：“这时候就吃大米饭，穿纹锦衣，你心安吗？”宰我说：“心安。”孔子说：“你心安就那么做。有道德修养的人居丧，食用美味不觉得香甜，听音乐不觉得快乐，居住在原居室觉得不安，所以不那么做。现在你觉得心安，就那么做。”宰我出去。孔子说：“宰我这样没有爱心啊！儿女出生，三年才能脱离父亲、母亲的怀抱。服丧三年是天下通行的丧礼啊。宰我难道就没有得到过父母亲怀抱三年的爱吗？”

[读] 此章言子女服“三年之丧”以报答父母怀抱三年之恩，其对等恰如“五伦十方”、孝慈忠义等，体现人格平等。“三年”为“二十五月”(《礼记·檀弓》)，亦有“短丧”情况。宰我以“礼乐崩坏”发问，孔子以“仁爱”作答，申明“礼”之本在“仁”。同时亦示“礼”的外在形式可以权变，所以“安则为之”。宰我向“天下通丧”，向已被称为人民导师的老师发问，此举已载入中国人精神史册，或成为对现代人影响最

大之“儒行”。

17.22 子曰：“饱食终日，无所用心，难矣哉！不有博弈者乎？为之，犹贤乎已。” ［原文］

孔子说：“整天吃得饱饱的，什么心思也不用，这就难办了！不是有掷采、下围棋的游戏吗？做这个也比什么都不做好。” ［译］

智为人格三大要素之一，是人高出“禽兽”和自身发展的原因所在。“饱食”与“无所用心”为因果，所以“食无求饱”为“好学”条件，棋类为智力活动，故倡导。 ［读］

17.23 子路曰：“君子尚勇乎？”子曰：“君子义以为上。君子有勇而无义为乱，小人有勇而无义为盗。” ［原文］

子路说：“有道德修养的人崇尚勇敢吗？”孔子说：“有道德修养的人崇尚道义。有道德修养的人勇敢而不讲道义，就会作乱；没有道德修养的人勇敢而不讲道义，就会做强盗。” ［译］

“勇”为人格三大要素之一。“君子”何以会“无义为乱”？非“仁爱大道”，即会以“作乱”为“勇”。 ［读］

17.24 子贡曰：“君子亦有恶（wù）乎？”子曰：“有恶：恶称人之恶（è）者，恶居下流而讪上者，恶勇 ［原文］

而无礼者，恶果敢而窒者。”曰：“赐也亦有恶乎？”“恶徼以为知者，恶不孙以为勇者，恶讦(jié)以为直者。”

［译］ 子贡说：“有道德修养的人也有厌恶的事吗？”孔子说：“有厌恶的事：厌恶宣扬别人短处的人，厌恶自己处在下流而诽谤向上的人，厌恶勇敢而不守文明规范的人，厌恶果断勇敢而不通事理的人。”又说：“子贡也有厌恶的事吗？”子贡说：“厌恶偷取别人的成果来充当有智慧的人，厌恶不谦逊来充当勇敢的人，厌恶揭发别人的隐私来充当正直的人。”

［读］ 孔子师生所恶者为古今一致之人性弱点，如“称人之恶”者。儒学一贯引导、鼓励并积极教育、培育人性向上、向善，而建立人格；反对混乱、暴力、“无礼”等人性向恶的反文明行为。

［原文］ 17.25 子曰：“唯女子与小人为难养也，近之则不孙，远之则怨。”

［译］ 孔子说：“只有女子和眼界低、心胸狭窄的人难以相处，亲近了就不谦逊，疏远了就抱怨。”

［读］ 在儒学观念里，“一阴一阳之为道”(《周易》)，夫妇为“五伦”之基。男女人格平等，随现代化而逐渐实现社会平等。“心胸狭窄”与性格有关。有人认为儒学特别轻视女性，不准确。

17.26 子曰:“年四十而见恶焉,其终也已。” [原文]

孔子说:“到四十岁还被人厌恶,他的一生就了结了。” [译]

[读] 此章言人如果年当“不惑”(2.4)而未能“立”,且被人“恶”,表明做人基本道德缺失。故要早“立志”,早“努力”,免得“老大徒伤悲”。

微子第十八

[原文]

18.1 微子去之，箕子为之奴，比干谏而死。孔子曰："殷有三仁焉。"

[译]

微子离开纣王，箕子被降为纣王的奴隶，比干给纣王提意见而被纣王处死。孔子说："殷代有三位人格高尚的人。"

[读]

此章所言三人之"仁"与伯夷、叔齐之"求仁而得仁"(7.14)同为高尚健全人格，为"仁"之最高境界，且都为悲剧人物。其他人，或可建立人格，如管仲，但大多数则处于"兴于诗"与"立于礼"(8.8)之间，即培育人性向建立人格的上升过程中；自然，下降者亦不在少数。历史乱治根源即在二者挣扎博弈中。

[原文]

18.2 柳下惠为士师，三黜。人曰："子未可以去乎！"曰："直道而事人，焉往而不三黜？枉道而事人，何必去父母之邦？"

[译]

柳下惠做典狱官，多次被免职。有人说："您不可以离开这里吗？"柳下惠说："正直地工作，到哪里不会被多次免职？不正直地工作，何必离开自己的祖国呢？"

“直”的个人人格，应在职务人格中保持不变，此为典范。孟子称其“不以三公易其介”。正是这些先贤的峥嵘人格，使中华民族的品格得以立起来。 ［读］

18.3 齐景公待孔子，曰：“若季氏，则吾不能；以季、孟之间待之。”曰：“吾老矣，不能用也。”孔子行。 ［原文］

齐景公谈到孔子的待遇，说：“像鲁君对待季氏一样，我是做不到的；用低于季氏、高于孟氏的待遇对待他。”不久又说：“我老了，不能用他了。”于是，孔子便离开了齐国。 ［译］

孔子见齐景公，时孔子三十七岁。齐国“其政在相”，齐君欲用孔子“变革”，受到既得利益者激烈排斥。从宰相晏婴对齐景公的“进言”中，可以看出儒学仁政“变革”的特点和晏婴本人的态度。晏婴曾进言曰，儒者“倨傲自顺，不可以为下。……今孔子盛容饰，繁登降之礼。君欲用之以移齐俗，非所以先细民也”（《史记·孔子世家》）。孔子行“礼治”，进行自上而下“变革”，其“道高于君”，并以“疾固也”（14.32）批判态度对待齐君，故“傲”。晏婴不愿大权旁落，故斥儒者“不可轨法”。君主欲正向变革，因权臣“惑阻”而难成行，成为后来常例。 ［读］

18.4 齐人归女乐，季桓子受之，三日不朝。孔子行。 ［原文］

齐国送来一班能歌善舞的女子，季桓子接受了，三天不理国政。于是，孔子便离开了鲁国。 ［译］

［读］

时孔子五十四岁，任鲁大司寇，“摄相事”，政声四达，齐国惧，以此瓦解之。孔子自此开始长达十四年的“周游列国”经历。

［原文］

18.5 楚狂接舆歌而过孔子，曰：“凤兮凤兮，何德之衰？往者不可谏，来者犹可追。已而！已而！今之从政者殆而。”孔子下，欲与之言。趋而辟之，不得与之言。

［译］

楚国狂人接舆唱着歌走到孔子的车子前面，唱道：“凤鸟啊！凤鸟啊！你的品德怎么衰败了呢？过去的不可挽回，未来的还可以紧紧把握。算了吧！算了吧！现在的从政者不可救药了。”孔子下车，想跟他交谈。他快步避开，不跟孔子说话。

［读］

《论语》书中数位隐士，楚狂为唯一拜见孔子，并十分尊重、理解孔子的一位。他以凤鸟比孔子，为孔子惋惜，并指出只能等待“来者”，即“为后世法，治来世”（《论语集释》），具极高境界。

［原文］

18.6 长沮（jù）、桀溺耦而耕。孔子过之，使子路问津焉。长沮曰：“夫执舆者为谁？”子路曰：“为孔丘。”曰：“是鲁孔丘与？”曰：“是也。”曰：“是知津矣。”问于桀溺。桀溺曰：“子为谁？”曰：“为仲由。”曰：“是鲁孔丘之徒与？”对曰：“然。”曰：“滔滔者天下皆是也，而谁以易之？且而与其从辟人之士也，岂若从辟世之士哉?”耰(yōu)而不辍。子路行以告。夫子怃(wǔ)然曰:“鸟兽不可与同群,吾非斯人之徒与而谁与?天下有道,丘不与易也。”

[译]

长沮、桀溺二人一起耕地。孔子经过那里,让子路去问渡口在哪里。长沮说:“那个驾车的人是谁?”子路说:“是孔丘。”长沮说:“是鲁国的孔丘吗?”子路说:“对呀。”长沮说:“那他知道渡口在哪里。”子路又问桀溺。桀溺说:“您是谁?”子路说:“我是子路。”桀溺说:“那您是鲁国孔丘的学生了?”子路恭敬地回答说:“是。”桀溺说:“现在天下到处都像在滔滔洪水中,你们跟谁一起变革它?你与其跟随孔子这种避开坏人的人,哪里比得上跟随我们这样避开世俗社会的人呢?”边说边不停地覆土。子路回来报告给孔子。孔子怅然若失地说:“人不能跟鸟兽共同生活。我不跟人类共同生活,还能跟谁共同生活?如果天下清明,我就不用跟你们一起变革它了。”

[读]

儒学是人类自觉的历史产物,是对人类的深爱而产生的顶天立地的人格担当,是人类自觉的最高表现。二隐士终未告知孔子“津”之所在。一次小挫折,透露出孔子“知其不可而为之”(14.38)的崇高人格和悲剧色彩。推行仁爱之道,正因为血泪太多;强调乐,正是对苦难的超越。子路先后用“是也”“然”回答,词义相近而情感变化细微,显示碰壁后明显谦恭的态度。

[原文]

18.7 子路从而后,遇丈人,以杖荷蓧(diào)。子路问曰:“子见夫子乎?”丈人曰:“四体不勤,五谷不分。孰为夫子?”植其杖而芸。子路拱而立。止子路宿。杀鸡为黍而食之,见其二子焉。明日,子路行,以告。子曰:“隐者也。”使子路反见之。至,则行矣。子路曰:“不仕无义。长幼之节,不可废也;君臣之义,如之何其废之?欲洁其身而乱大伦。君子之仕也,行其义也。道之不行,已知之矣。”

[译]　子路跟随孔子,落在后面,遇见一位老人,用拐杖挑着除草的竹器。子路问道:“您看见一位老先生了吗?”老人说:“手脚不勤快,庄稼就管不好,谁是你的老先生?”他把拐杖插在地上,就去锄草。子路拱手站着。老人留子路到家里住宿,杀了鸡,做黏黄米饭给他食用,又叫他的两个孩子出来相见。第二天,子路赶上孔子,把情形报告给他。孔子说:“这是位隐士啊。”孔子让子路返回去再见他。到了那里,老人却走了。子路说:“不出来做管理者,不合乎道义。长幼的关系不能废弃,君臣的关系怎么能废弃呢?想洁身自好,却破坏了大的社会秩序。有道德修养的人做管理者,是遵行道义。至于我们的仁政方法行不通,我早就知道了。”

[读]　朱熹注曰:“伦,序也。人之大伦有五:父子有亲、君臣有义、夫妇有别、长幼有序、朋友有信。”老人对子路的接待让人感动,说明他对孔子的理解和尊重;其预知子路再访而离开,表现出智慧和隐忍决心。子路之论说明一个道理,为维护社会基本秩序,为国君出仕是应当的。为坚守文明主流正向发展尽责,彰显了孔子为人类尊严和道义而奉献的博爱精神。

18.8 逸民:伯夷、叔齐、虞仲、夷逸、朱张、柳下惠、少连。子曰:“不降其志,不辱其身,伯夷、叔齐与!”谓:“柳下惠、少连,降志辱身矣,言中伦,行中虑,其斯而已矣。”谓:“虞仲、夷逸,隐居放言,身中清,废中权。”“我则异于是,无可无不可。” [原文]

品行超逸的人士有:伯夷、叔齐、虞仲、夷逸、朱张、柳下惠、少连。孔子说:“不动摇自己的志向,不辱没自己的身份,是伯夷、叔齐吧!”又说:“柳下惠、少连,降低自己的志向,辱没自己的身份,可是言语合乎伦理,行为合乎人心,不过如此罢了。”又说:“虞仲、夷逸避世隐居,不言世务,自身合乎清白,去职合乎权变。”“我则跟他们不同,没有什么可以,也没有什么不可以。” [译]

以伯夷、叔齐为代表的仁人志士,是中华民族优秀人物之典范,具永久影响力。孔子的“异于是”,以历史担当不同。“无可无不可”,为不失原则的灵活性。 [读]

18.9 大师挚适齐,亚饭干适楚,三饭缭适蔡,四饭缺适秦,鼓方叔入于河,播鼗(táo)武入于汉,少师阳、击磬襄入于海。 [原文]

鲁国宫廷乐师官挚去了齐国,午宴乐师官干去了楚国,晚宴乐师官缭去了蔡国,夜宴乐师官缺去了秦国,打鼓的方叔入居黄河地区,摇双耳小鼓的武入居汉水地区,宫廷乐师助理官阳和击磬的襄入居海岛。 [译]

[读] 因周天子衰落，特许享用天子礼的鲁国，长时期为华夏文明中心，这为孔子成就仁学创造了必要条件。时鲁君荒于女乐，故乐官散去。乐师八人，乐器三种，所去地区七个，呈放射状，含三大流域，直至海外，为华夏文明传播作出了重要贡献。

[原文] 18.10 周公谓鲁公曰："君子不施其亲，不使大臣怨乎不以。故旧无大故，则不弃也。无求备于一人。"

[译] 周公旦对儿子鲁公伯禽说："有职位有修养的人不怠慢亲族，不让大臣抱怨不任用他们。老臣旧友没有大过错就不要抛弃他们。不要对一个人求全责备。"

[读] 此语或为伯禽就封时所说。敦亲顾旧为维护血缘关系特征，假若没有仁学之人格平等，则等级制、家长制、关系网、潜规则等弊端必会产生。

[原文] 18.11 周有八士：伯达、伯适、仲突、仲忽、叔夜、叔夏、季随、季騧(guā)。

[译] 西周有八位人才：伯达、伯适、仲突、仲忽、叔夜、叔夏、季随、季騧。

子张第十九

19.1 子张曰："士见危致命，见得思义，祭思敬，丧思哀，其可已矣。" ［原文］

［译］ 子张说："士遇到危难献出生命，有所得便想到是否正当合理，祭祀时便想着是否恭敬，丧事时便想着是否哀伤，那就可以了。"

［读］ 本篇为孔子五位弟子之语，首为子张。

朱熹注曰："四者立身之大节，一有不至，则余无足观。"（《朱子语类》）前两者见证人格，后两者则为民族根性、元意识继承，今人尤须加强。

19.2 子张曰："执德不弘，信道不笃，焉能为有？焉能为亡？" ［原文］

［译］ 子张说："保持道德不坚强，相信真理不坚定，这种人是说他有道德呢，还是说他没有道德？"

［读］ 此章言子张讥安于小成、惑于异端者，谓其碌碌一生，于世无补。

19.3 子夏之门人问交于子张。子张曰："子夏云 ［原文］

何？”对曰：“子夏曰：‘可者与之，其不可者拒之。’”子张曰：“异乎吾所闻。君子尊贤而容众，嘉善而矜不能。我之大贤与，于人何所不容？我之不贤与，人将拒我，如之何其拒人也？”

［译］　子夏的学生向子张问怎样交朋友。子张说：“子夏怎么说？”子夏的学生回答说：“子夏说：‘可以交的跟他交往，不可以交的拒绝他。’”子张说：“我听到的与此不同。有道德修养的人尊重贤人，也容纳众人；赞许能力强的人，也同情能力差的人。自己才德出众，对别人有什么不能容纳的呢？自己才德不出众，人家会拒绝自己，怎么能拒绝别人呢？”

［读］　子张所言，一为初学者宜守，一为“君子”即有职务者应取。二子各具风采。

［原文］　19.4 子夏曰：“虽小道，必有可观者焉；致远恐泥，是以君子不为也。”

［译］　子夏说：“即使一种小技艺，也一定有可取之处；但恐怕对做远大事业有妨碍，所以有道德有眼界的人不做。”

［读］　“不为”可以理解为“不泥”（《论语集释》）。一切专业工作者当如此，在技术中体现人文关怀。“人格学”大道，即不“泥”。

［原文］　19.5 子夏曰：“日知其所亡，月无忘其所能，可谓好学也已矣。”

子夏说："每天知道些自己未知的，每月不忘记自己已知的，可以说是好学了。" ［译］

此章以日日"知新"、月月"温故"劝学，可与孔子所论"好学"互参。 ［读］

19.6 子夏曰："博学而笃志，切问而近思，仁在其中矣。" ［原文］

子夏说："渊博地学习，并且坚守志向；切合所研习的学问提出问题，并且联系实际思考。人格就在这里面了。" ［译］

此章所言为学者职务人格，其要在"笃志"。凡言志俱正向，如"不降其志"（18.8），即合乎文明上升主流之意向。 ［读］

19.7 子夏曰："百工居肆以成其事，君子学以致其道。" ［原文］

子夏说："各行工匠在作坊里来完成他们的工作，有道德修养的人靠学习来获得他们的做人方法。" ［译］

此章以"作坊"喻"学"，颇具启发行动之义；由"做工"而"做人""做功夫"，显示仁学的实践性。 ［读］

19.8 子夏曰："小人之过也必文。" ［原文］

[译] 子夏说:“没有道德修养的人犯了错误一定会加以掩饰。”

[读] 观过知仁,包括对自己错误的态度。皇侃疏曰:“小人之过生于情伪,故不能不饰。”清李颙《四书反身录》说文者多是聪明有才、慕名窃义、伪作君子之小人(《论语集释》)。“情伪”与“伪君子”均指二重人格。

[原文] **19.9 子夏曰:“君子有三变:望之俨然,即之也温,听其言也厉。”**

[译] 子夏说:“有道德修养的人有三种印象转变:远望他庄严,接近他温和,听他说话严正犀利。”

[读] 仪容为人格修养的有机部分,书中正反之例都有。此当初见长者所感。

[原文] 19.10 子夏曰:“君子信而后劳其民;未信,则以为厉己也。信而后谏;未信,则以为谤己也。”

[译] 子夏说:“有职位有修养的人得到百姓信任后,才会让他们劳作;没有得到信任,则百姓以为会伤害到自己。得到君主信任,然后给他提出规劝;没有得到他的信任,则君主会认为你的谏言是在诽谤他。”

[读] 行政职务人格之要求,通常如此。要以诚取信,骗取信任者则终将被揭穿。

19.11 子夏曰："大德不逾闲，小德出入可也。" ［原文］

［译］ 子夏说："原则性大节不可越过界限，生活小节有点出入是可以的。"

［读］ 此章言"大""小"可以人格公利为准，有损为大，不损为小。

19.12 子游曰："子夏之门人小子，当洒扫、应对、进退则可矣，抑末也。本之则无，如之何？"子夏闻之曰："噫！言游过矣！君子之道，孰先传焉？孰后倦焉？譬诸草木，区以别矣。君子之道，焉可诬也？有始有卒者，其惟圣人乎！" ［原文］

［译］ 子游说："子夏的年轻学生们，对待洒水、扫地、迎送宾客和礼仪进退的事，可以胜任，不过只是末节小事啊。根本学问却没有学到，怎么行呢？"子夏听到这些后说："唉！子游错了！有道德修养者的学问，哪些先传授？哪些后传授？就像草木一样，要区别对待啊。有道德修养者的学问，怎么可以歪曲呢？传授学问有始有终的，大概只有道德和智慧圆满的人才能做到吧！"

［读］ "有始有卒"者，或以"末本""小道""大道"为先后；或"末"中含"本"，"本"不舍"末"，一贯"合一"。是为儒学"内自讼"(5.27)一例，为教学方法之辩，各有所据。

［原文］ 19.13 子夏曰："仕而优则学，学而优则仕。"

［译］ 子夏说："做官有余力就求学，求学有余力就做官。"

［读］ 朱熹曰："仕与学，理同而事异。""优秀"与"有余力"义近而影响深远，从而形成文官制度。此章先言仕，以强调其学。

［原文］ 19.14 子游曰："丧致乎哀而止。"

［译］ 子游说："居丧，达到哀情就可以了。"

［读］ 本章言应避免过分动情而伤身，此举违背礼的本义。

［原文］ 19.15 子游曰："吾友张也，为难能也，然而未仁。"

［译］ 子游说："我的同道朋友子张啊，其行为算是难能可贵了，然而还未达到'仁'的境界。"

［读］ 此章称子张为"友"且"为难能"，即充分肯定之。"未仁"为孔门常见评价，不影响其成就。后来子张创立儒学"八派"之一，影响深远。

［原文］ 19.16 曾子曰："堂堂乎张也，难与并为仁矣。"

［译］ 曾子说："仪容堂堂的子张啊，难以和他站在一起做

人啊。”

仪容出众的子张为弟子中最年少者,此处可见同学们对其喜爱推重之情。 [读]

19.17 曾子曰:“吾闻诸夫子:人未有自致者也,必也亲丧乎!” [原文]

曾子说:“我听老师说过:人的感情没有自动尽情流露的,一定在父母去世的时候才有啊!” [译]

此章言亲情是人性自觉的起点,做人是人性上升的要求。 [读]

19.18 曾子曰:“吾闻诸夫子:孟庄子之孝也,其他可能也;其不改父之臣与父之政,是难能也。” [原文]

曾子说:“我听老师说过:孟庄子的孝行,其他的容易做到;他不改换父亲的旧臣和父亲的治理措施,这是难以做到的。” [译]

此章诫人当为“善道”,非一律不变。 [读]

19.19 孟氏使阳肤为士师,问于曾子。曾子曰:“上失其道,民散久矣。如得其情,则哀矜而勿喜!” [原文]

孟氏任命阳肤做法官,阳肤向曾子请教。曾子说:“在 [译]

上位的人违背仁政方法，百姓离心离德很久了。你如审得实情，就要同情怜悯他们，而不要沾沾自喜！”

［读］　马融曰：“民之离散，轻漂犯法，乃上之所为，非民之过。”此为仁政及民本思想的观念与准则。

［原文］　19.20 子贡曰：“纣之不善，不如是之甚也。是以君子恶居下流，天下之恶皆归焉。”

［译］　子贡说：“商纣王的坏，不像传说的这样厉害。所以有道德修养的人厌恶处于低下的位置，那样的话，世上的坏名声都归到他身上。”

［读］　此章诫人勿为不善。从人人皆指斥之的纣得出所诫，是为善学，而非评价历史人物。

［原文］　19.21 子贡曰：“君子之过也，如日月之食焉。过也，人皆见之；更也，人皆仰之。”

［译］　子贡说：“心胸坦荡的人犯错误，好像日蚀月蚀一样。犯了错误，人人都看得见；改正错误，人人都仰望着。”

［读］　“日月”喻透明，“仰望”喻尊重。人格正大光明者如是，卑下者必“文”其过。

［原文］　19.22 卫公孙朝问于子贡曰：“仲尼焉学？”子贡曰：“文、武之道，未坠于地，在人。贤者识其大者，

不贤者识其小者，莫不有文武之道焉。夫子焉不学？而亦何常师之有？”

[译] 卫国的大夫公孙朝向子贡问道：“孔子的学问是从哪里学来的？”子贡说：“周文王、周武王的仁学方法没有失传，仍流传在人间。贤能的人记得它的大处，不够贤能的人记得它的小处，没有地方接触不到周文王、周武王的仁学方法。老师哪里不能学呢？又何必有固定的老师呢？”

[读] 本章言仁学即民族元意识之来源。《中庸》云“仲尼祖述尧舜，宪章文武”，本章指出孔子向全体人民学习而集大成。此处几章和《史记》中对孔子诸弟子格外详细的记叙，加上孔林里庐墓六年的纪念碑式的小屋，表明子贡对孔子理解之深和维护之力。《史记·货殖列传》云：“使孔子名布扬于天下者，子贡先后之也。”子贡为仁学思想最早最成功的推介者。

[原文] 19.23 叔孙武叔语大夫于朝，曰：“子贡贤于仲尼。”子服景伯以告子贡。子贡曰：“譬之宫墙，赐之墙也及肩，窥见室家之好。夫子之墙数仞，不得其门而入，不见宗庙之美，百官之富。得其门者或寡矣。夫子之云，不亦宜乎！”

[译] 叔孙武叔在朝廷对大夫们说：“子贡才德超过孔子。”子服景伯把这话告诉子贡。子贡说：“如果拿房舍的围墙来比喻，我的围墙到肩高，可以看见房舍的美好。老师的围墙几丈高，找不到门进去，就看不到宗庙的崇高壮美、厅堂的

富丽多姿。能找到门的人或许不多吧，叔孙武叔他老人家这样说，不也正常吗？”

［读］

本章指出儒学本质的三个特征。“宗庙之美”为崇高性，“百官之富”为丰富性，“墙数仞”为平易性。崇高性，指“仁者爱人”“泛爱众”之理念：仁学人格境界极高，且多为悲剧性；人格完成，指知、仁、勇的健全、圆满程度和巨大影响力。丰富性，指仁学领域之宽广，从人性涵养至人格建立，乃至“成于乐”（8.8）之精神境界，涉及人生与社会的方方面面。而这些都在伦常日用中实现，是为平易性。平易性中寓崇高性、丰富性，亦中华民族性格及文化艺术特征。

［原文］

19.24 叔孙武叔毁仲尼。子贡曰：“无以为也！仲尼不可毁也。他人之贤者，丘陵也，犹可逾也。仲尼，日月也，无得而逾焉。人虽欲自绝，其何伤于日月乎？多见其不知量也！”

［译］

叔孙武叔诽谤孔子。子贡说：“不要这样做！孔子是不可诽谤的。别人的贤德好比山丘，还可超越；孔子好比太阳、月亮，别人无法超越他。虽然有人要自绝于太阳、月亮，那对太阳、月亮有什么损害呢？只表明他不知道自己的分量罢了。”

［读］

“日月”喻孔子仁学对人的意义和不可超越性，以其发生于种种元初历史节点，契合而形成历史元点，成为中华文明凝聚点与爆发点，并将贯之于民族发展始终，唯一而不可取代。

19.25 陈子禽谓子贡曰："子为恭也，仲尼岂贤于子乎？"子贡曰："君子一言以为知，一言以为不知，言不可不慎也。夫子之不可及也，犹天之不可阶而升也。夫子之得邦家者，所谓立之斯立，道之斯行，绥之斯来，动之斯和。其生也荣，其死也哀。如之何其可及也？" ［原文］

［译］ 陈子禽对子贡说："您对孔子如此谦恭，难道孔子真的比您优秀吗？"子贡说："有道德修养的人，从一句话就看出他的智慧，也可以从一句话就看出他的无知，所以说话不可以不谨慎啊。老师的高不可攀，就像天不可以靠梯子登上去一样。老师如果成为诸侯或卿大夫，像人们所说的，他要让百姓生活自立，百姓就能立起来；他要引导百姓，百姓就跟他前进；他要安抚百姓，远方百姓就来投奔；他要动员百姓，百姓就跟他齐心协力。他生前，人们给以荣耀；他逝世，人们都哀悼他，别人怎么能比得上呢？"

［读］ 子贡的成就是孔子仁学思想和教育的成果。"天"喻本人人格，"邦家"喻职务人格。前论仲弓可当天子，此论孔子可为诸侯。当时为世袭制，并无可能。是为儒学"公天下""选举制"之民本、民主思想理念，亦自上而下推行仁政之动力。

尧曰第二十

［原文］

20.1 尧曰："咨！尔舜！天之历数在尔躬，允执其中。四海困穷，天禄永终。"舜亦以命禹。曰："予小子履，敢用玄牡，敢昭告于皇皇后帝：有罪不敢赦。帝臣不蔽，简在帝心。朕躬有罪，无以万方；万方有罪，罪在朕躬。"周有大赉（lài），善人是富。"虽有周亲，不如仁人。百姓有过，在予一人。"谨权量，审法度，修废官，四方之政行焉。兴灭国，继绝世，举逸民，天下之民归心焉。所重：民、食、丧、祭。宽则得众，信则民任焉。敏则有功，公则说。

［译］

尧说："啧啧！你这个舜啊！上天的大命落到你身上了，你要真诚地坚持正确的方针。假若世上百姓困苦贫穷，上天赐给你的职位就会永远终结。"舜也把这话说给禹。商汤说："我是卑微的履，大胆地用黑色公牛来祭祀，明确地向伟大光辉的天帝禀告：有罪的人我不敢擅自赦免。您的臣子的善恶我也不敢隐瞒，您都明察在心。我有罪，请不要牵连万方百姓；万方百姓有罪，罪责在我一人。"周代大得上天恩赐，优秀人才特多，周武王说："我虽然有至亲，却不如有仁德的人。百姓有过错，由我一人承担。"严格审定度量衡，审订礼乐制度，恢复废弃的管理机构，全国的政令就通行无阻。恢复无罪而被灭之诸侯国，承续已断绝的世族，启用散落在民间的人才，天下百姓就会心悦诚服。所重视的是：百姓、粮食、丧葬、祭祀。宽容就会得到民众拥护，诚信就会得到百姓信任，勤勉就会有功绩，公正就会使百姓高兴。

[读]

本章言中华民族元意识谱系及领袖职务人格。前引尧舜禅让告诫，汤武则为祷词，最后为孔子语。尧舜禅让为"公天下"，夏以公始以家终，汤武夺取政权后为"家天下"。根本执政方法为中道、罪己、用仁人、富民。民族元意识由政教领袖初创，由孔子总结，从理论上体系化，而独立成为思想教育体系，从而政教分离。儒学成为民族元意识之"道统"继承者、维护者，以监督领袖正向执政。

[原文]

20.2 子张问于孔子曰："何如斯可以从政矣？"子曰："尊五美，屏四恶，斯可以从政矣。"子张曰："何谓五美？"子曰："君子惠而不费，劳而不怨，欲而不贪，泰而不骄，威而不猛。"子张曰："何谓惠而不费？"子曰："因民之所利而利之，斯不亦惠而不费乎？择可劳而劳之，又谁怨？欲仁而得仁，又焉贪？君子无众寡，无小大，无敢慢，斯不亦泰而不骄乎？君子正其衣冠，尊其瞻视，俨然人望而畏之，斯不亦威而不猛乎？"子张曰："何谓四恶？"子曰："不教而杀谓之虐，不戒视成谓之暴，慢令致期谓之贼，犹之与人也，出纳之吝谓之有司。"

[译]

子张向孔子问道："怎样就可以从事政治？"孔子说："崇尚五种美德，摒弃四种恶行，这就可以从事政治了。"子张说："什么是五种美德？"孔子说："有道德修养的人给百姓实惠而不耗费财用，使百姓劳作而不抱怨，满足欲求而不贪婪，泰然而不傲气，威严而不凶猛。"子张说："怎样叫作给百姓实惠而不耗费财用？"孔子说："根据对百姓有利的条件为他们谋福利，这不是给百姓实惠而不耗费财用吗？选择适合百姓劳作的项目使百姓劳作，又有谁抱怨？自己想要仁德，便得到仁德，还贪求什么？有道德修养的人没有人多或人少、势小或势大、冒犯或怠慢的意识，这难道不是泰然却不傲气吗？有道德修养的人衣帽整齐，目光郑重，望之庄严，使人敬畏他。这难道不是威严却不凶猛吗？"子张说："什么叫作四种恶行？"孔子说："事前不教育，却要杀人，这叫作暴虐；事前不告诫却突然看成绩，这叫作粗暴；事前命令迟缓，却限期完成，这叫作暗害；同样给人赏赐，出手很吝啬，这叫作仓库保管员。"

［读］

本章言从政职务人格，与前章领袖职务人格构成执政人格体系。《论语集注》引尹乐曰："告问政者多矣，未有如此之备者。"因而编入末篇。这里提出两点讨论。一、"欲仁而得仁"。欲，为"兴于诗"(8.8)之动力，为超出生理之需，上升至"立于礼"，"从政""爱民"而建立人格，即"得仁"，为九条职务人格中所最重要。二、三个小排比句。"敢慢"同于"众寡""小大"，为联合词组非偏正词组。"敢"义同《后汉书·耿弇传》"令步不敢进"。前二为客观，后一为主观，才真的泰然自若；有其意识，经权衡而一律对待，则失本色。"小大"与二者错综。

［原文］

20.3 子曰："不知命，无以为君子也；不知礼，无以立也;不知言,无以知人也。"

[译] 孔子说:"不知道大自然包括历史的给予和限制,就没有可能做有道德修养的人;不知道文明规范,就没有可能立得住;不善于分辨别人言语,就没有办法认识人。"

[读] 本章所言"为君子",即坚守人性文明主流;人受于"天",受大自然这一终极力量支持与制约,是为"命"。"不知命"或不认识主客条件与使命,而对文明主流无所作为;或不认识主客限制,而唯意志论,即违背文明主流。"礼",发生于人性文明觉醒,为对人的文明规范。"立",即在任何条件下立于人性文明主流,不违背仁爱原则,不违背人性文明。"言",含口语、书面语。语言学之释义规则,除字面义、本义、深层义和言外义外,亦有"诚意之属"与"格致之属";先哲已逝,唯留经典,历来思潮层出,俱须明辨"知言",以获真知。"为君子""立""知人",以"不知……无以……"为必要限制条件,强调"知命""知礼""知言"的不可或缺,从而呼应首章,收束全书。

"命"即"天命"(2.4),"礼"之本为"仁","知命""知礼""知言"即要"学"。天、仁、学的理念为全书统领,也回答了"我从哪里来?我到哪里去?我是谁"人生三大根本问题。天、宇宙、大自然是我们"来去"之终极,而每个人要用一生之"学""行",创造本人人格和职务人格来回答"我是谁"。以此重读《论语》全书,审视自我,会在全新境界中打开每一页,开创每一天。

后　叙

“极者”,终极之“天”,即宇宙、大自然。作为哲学范畴,儒学在汉为“天人感应”的神学,在宋为理学,在明为心学。反映在《论语》阐释上,特征最鲜明的是重训诂的汉学和重义理的宋学。这种特征一直影响至今。本书重“译读”,主要参考了当代三家儒学流派,大体可入汉、宋者二家,可入史学一家。

那么,本书靠什么讨论《论语》呢?那就是民族元意识和人格学视角,是《论语》本义的回归。此处谨作为问题提出,谈不上学术。

一、民族元意识

定义中心词:精神中心。元意识比“基因”更切近,可概括各民族都有的这种“中心”,如基督教(分支甚多)和儒学。二者在民族中的地位作用相同。

张载描述儒学所用四语,实为民族元意识的特征与功能(胡适博士竟以其不切实际而不予解释),首要为宇宙观、世界观,“为天地立心”,“心”即我们的“观”。天、大自然是我们的终极,是民族元意识之本,是“百物”包括人的所生与归宿。终极的认定是人的存在感、方位感的心灵需要,由终极派生人生观、价值观。中华民族屹立于世界民族之林,根本原因当在此。

“绝学”指中华民族元意识的学术性，因而要求学理、传承，唯国家纳入教育体系才能实现，需要从基础教育到高等教育都建立学术体系。这是“为万世开太平”的保证因素，虽然其基本理念在大众、家庭传承，而流淌于民族血液中，但没有学理支撑，就会失去理论指导和学术继承而枯竭，导致民族衰败。

二、儒学是人格学

孙中山十分重视儒学对人格的塑造，认为儒学是我们“独有的宝贝”。李炳南教授也提出过此命题，他还认为“仁”即人格（前贤已释）、做人。《论语》一书上编重本人人格，下编重职务人格，即庄子所说“内圣、外王”。内在修养属内，国家职务、社会角色属外，每个人都在其中，所以《大学》言“自天子以至于庶民，一是皆以修身为本”。

这是“为生民立命”之人生观、价值观。宋张载以“命”为“道”，明清间儒者改“道”为“命”，当为别于哲学之“道”，又提到“天命”有层次，把做人、建立人格看作上天、大自然的指令，不可违背。在元意识中，中华民族没有宗教保护和严格仪规传承，这是明智的修改。现在我们迫切需要进行民族元意识教育，在学理上加深理解，而自觉接受中国人的“命”：做人。

由宗教传承元意识的民族，一般有两条“根”，我们则只有祖先这一条。民族元意识概念是由“孔子为什么打不倒”之问提出的。他的《论语》就集中表述了仁学即中华民族元意识的论断，即我们的“根”，也是我们的“命”。怀着如此的惶恐警惧之心，让我们打开《论语》。虽打开，却暂不从首章读。因为长期的有意贬低、漠视，有一道“墙”高高地挡住了我们的视线，让我们不知道儒学和中华民族元意识具有何种特征，是何等崇高、丰富！

我的建议，请先看“子张”篇之“叔孙语大夫”章。

三、中华民族元意识的特征和来源

1. 特征(见19.23)

“宗庙之美”为崇高性。这是儒学核心理念“仁”“仁者爱人”的精神体现。如“天人合一”“四海之内皆兄弟”“古今一脉”,即具最大的包容性;如“立人”“达人”“己所不欲,勿施于人”,即具和谐相处、共同发展的亲和态度;如“伯夷叔齐之问”体现孔子为“勿以暴制暴”第一人;如“兴于诗,立于礼,成于乐”(8.8)之高贵精神追求。

“百官之富”为丰富性。伴随人性涵养和人格建立过程,所涉及的领域十分宽广,所创造的文化极其丰富。我绘制的儒学思想体系示意表含五条线,除“天、仁、学”线、“兴于诗”线、“志于学”线三条主线外,还有“志于道”线和“因损益”线,内容丰富,下面将作介绍。

“墙数仞”为平易性。儒学自身具世俗性而非宗教性,重行轻言,重领悟轻论辩,又倡“内自讼”(5.27);外在认识的轻视、漠视,最终形成“墙”。

崇高性、丰富性寓于平易性即“伦常日用”之中,儒学也是中华民族的性格与文化特征。如中国人的诚朴、谦逊、含蓄性格中恪守高贵的利人精神;如艺术追求意境,而不追求形式的刺激、华丽。

2. 来源(见19.22)

“文武之道未坠于地……莫不有文武之道焉”,这是民族元意识的元初性和全体性。经过漫长历史时期的发展、积累,民族心智形成具有巨大爆发力的历史元点。周文王、周武王继承先人优秀思想,奠定仁学思想基础,是为元初性。这些仁学原则、文明规范,经数世纪的传承,到孔子生活的春秋后期,普遍存在于“贤者”和“不贤者”即全体人民之中,是为全体性。在此基础上,孔子对其加以理论化、体系化,并且将其独立于政统之外而实现政教分离,成为“道统”。

这里要追溯到初期的民族元意识创建者,即政治领袖。《论语·尧曰》章即体现中华民族元意识的创建谱系。尧、舜、商汤、周武王和孔子，共五段论述，前为二帝二王，为政治领袖；后为孔子，为思想导师（《公羊传》注引此有“孔子曰”），表明政教分离与孔子首次“清议”行动（14.21）一致，为开天辟地的伟大创举。

儒学的“平易性”从诞生起就受到质疑，其崇高、丰富之特性和元初性、全体性之来源，正是由子贡在维护儒学中所阐发的，《史记》称“使孔子名布扬于天下者，子贡先后之也”。有子贡这样的学生、继承人，也成为民族元意识得以传承的条件之一。反元意识者，不仅不具备反前二者的条件，也培养不出子贡这样的继承者，注定失败。编者把他的话放在弟子语中作为压轴，有石破天惊之感。

“未坠于地，在人”是民族元意识之“为万世开太平”与民族同在的体现。我们今天读《论语》，也要在“贤者”“不贤者”中寻出一些特征、答案。如“对天”的尊崇，对“孝”的践行；如“做人”的信念，顺其自然，等等。

那么怎样把握全书的纲领呢？《论语》为语录体，其思想体系可用几个统领理念来把握，这就是末章所指示的“天、仁、学”，也正是对“我从哪里来？我到哪里去？我是谁”的回答。

四、“天、仁、学”全书统领理念

“命”即“天命”，指向“天”；“礼之本”，指向“仁”；“知命”“知礼”“知言”，指向“学”。

1. 天

“唯天为大”（8.19）。因为“四时行焉，百物生焉”（17.19）为“极”（王弼语），为“无对”（朱熹语），所以我们要接受天的给予与限制，要“则天”，要遵“天道”，要按照“天”性发展“仁道”。

尧对舜说，“天之历数在尔躬”。这是中华民族对终极最早的认定。终极是民族元意识的基点、元点。既然包括人的“百物”俱大自然所“生”，人类俱其“子”，那么称“天子”即为特指，不过言职位之重罢了。

天,是终极决定力量,是公正自信的见证。我们唯有依靠理性,这是我们一切成就的根本来源。

终极的认定,须具终极性、唯一性,否则即发生内部纷争。儒学早期即有“八派”之分,后又有汉学、宋学之别,都是学术之争,是学术之“内自讼”,也是保持理论生机的需要。这一点最能说明民族元意识基本理念与其理论研究发展的区别,前者不变而与民族同在,后者则有时代性。

我们要铭记,每个人都是大自然之子,要做顶天立地的人、有人格担当的人、有浩然之气的人。这是本人之幸、民族之幸、人类之幸。

天、大自然是“我从哪里来?我到哪里去”的终极。

“我是谁”的发现要靠实践“仁”“学”两个理念,要用一生的修为践行来回答。

2. 仁

作为人格学,《论语》全书都以“仁”为中心,以“志于道”章(7.6)、“兴于诗”章(8.8)为纲领。

“志于道”章,由“道”到“德”到“仁”,从抽象到具体,主观内在修养逐步显现;而“艺”则为客观物,投身并深潜其中,在具体的实践中体现人格道德,是完整实现人格的修为过程。

“兴于诗”章则由“诗”文化推动人性上升而“立于礼”,“礼之本”为“仁”。

人格再继续上升而“成于乐”,人性在音乐中成熟、完成、实现。

兴、立、成三者形成人性文明上升线,不仅是每个人的人生指导线,也是社会发展和国家变革的指示线,是人类生存发展的生命线。上升则进步,下降则倒退。仁学就是要培育人恪守这条人性文明上升线,这是何等艰难又神圣的使命!

3. 学

觉悟是人自身发展的需要。觉,从觉醒开始,随人的心智发展而“践形”。孟子云“心之官则思”,大脑要思考,眼、耳、口、鼻、身各从自身的

“形”感知外物。以耳为例,由对声音的感知,经思考,进而“悟”,认识其关联而创作出超越于自然界的音乐。这就是“践形”发生超越力的过程。

“学”也是“仁”,人的情感由仁爱之“心”所要求,不仅“知者利仁”,而且“择不处仁焉得知”(4.12),“仁”也制约“智”。这是二者促进人性文明发生的密切关系。

因为人为了满足自身心智发展的需要,所以“学而时习之,不亦说乎”!学习是愉悦的,是快乐人生之首要。

《论语》的体系是立几条“纲”,在“纲”上打几个理念的“网扣”,从而构成思想之网;“网扣”的位置和光辉,足以让人激动。这种“成文”是当时最高的智慧。

学习《论语》,每条简短的论述都像文明元点的爆炸性那样,在领悟、践形中生发开来,甚而可以随批判而传播。赵普“半部论语治天下”,李光耀“新加坡小,一条就够”,就是这个道理。今天我们亟待恢复这种学习能力。在这里,我把《论语》思想体系做成示意表,诚望读者由表的提示而深入研读原著,在践形中印证,在思考中领悟,从而创造新我。

五、几个概念

1. 历史元点

所谓历史元点,指发生民族元意识的历史节点积累而成的爆发点。孔子(前551—前479)的时代,春秋(前722—前481)晚期为爆发点,前以尧、舜、禹、商汤、周文王、周武王为历史节点。广义历史元点指全部历史节点,狭义指爆发点。

马克思·韦伯、卡尔·雅斯贝斯有轴心时代说。公元前800—前200年,特别是公元前六世纪,人类有四个这样的历史爆发点:中国的儒道思想、印度的印度教和佛教、以色列的一神教以及希腊的哲学理性主义(凯伦《轴心时代》),是人类文明的精神基础。“这个时代创造出了基本范畴,我们至今在其中思考”,“所有人类历史至今被其决定”(卡尔·雅斯贝斯《历史的起点与目标》)。

“轴心”之思想、精神,比“民族元意识”要宽泛,但各自独立发生的四个民族元意识有共同的向善、克制、理性的理念,成为人类发展的动力与指针。这种人性觉悟开启的一致性,是自觉对抗野蛮与暴力、捍卫人性文明理性的良知使然。维护并提高此觉悟,是人类的大课题,历史的每一页都呈现出艰难与歧途,需要清醒认识的是,文明与野蛮之争、暴力与暴行现象并未随人类社会高度现代化而消失,反而时时呈现尖锐之势,值得智识者深思。

虽然时间上人性文明觉醒呈某种一致性,但开启方向不同,可以将其看成三个互补的领域:希腊人发现了物质世界而开启科学,印度人发现了内心世界而开启哲学,中国人发现了人的世界而开启仁学。这或可成为人类生存发展的三个精神支柱,唯自觉接受并恰当融汇而成巨大理性力量,人类才有光明未来。

2. 道、学、术三层次

内层指“天道”,为仁学原则;中层为思想学术;表层为制度、科技等规范。内层稳定,中层有变,表层大变。

道,是仁学原则,是灵魂,如仁爱、人格平等原则,知、仁、勇健全发展原则等;道为核心层,是中表层发展变革之动力与制约,如仁爱而及物的原则,对环保的认识与措施的要求,人格平等对制度的要求,智力的发展对探求事理技术革新的要求,等等。

各种思想学术文化自身发展及与外部的交流、碰撞、融汇,能够引起自身中表层变革,进而相应。如心性哲学对此岸现世性世界观的精神补偿,分析方法对综合方法的补充,先进科学技术的引进,等等。

思想、学术、制度与科技的变革是人类共同生存与发展的必然要求,不能顺应变革就会引起外部冲突与内部坍陷。历代帝王因自私自利而封闭阻挠变革、造成民族发展受挫之例比比皆是。各文化间的接触首先从“术”开始。这是变革最大最快的层次,不能主动与世界交流而发展相应的科技与制度等，会加速这种冲突与坍陷。

以儒学的学术层和制度技术层为例。思想的发展从汉代的“天人感应”的神学，到宋代“理”的哲学，到明代“心”的伦理学，再到今天的人格学，都是儒学思想的层次展开，有其内在合理性，同时受外部事物、思想影响而与之相应。“礼”的规范形式属于制度、技术层，变化最大，亦为“道”层精神之要求和外部世界交流融汇之推动。

3.“人”“民”“百姓”“民人”

人，指全部个体人；民者，百姓也，为社会身份角色，指部分人。它们的具体语义由语境确定。

或以为“人”取狭义解，为“士以上的人”：“节用而爱人，使民以时。”(1.5)“修己以安人……安百姓”(14.42)。“人”与“民”对言，取“狭义”义，实则语境所指为范围，非身份。前例为全体人，包括“民”，“使民以时”是“爱人”的方式之一。后者因人格影响是具体的，指周围人，并非指某种身份阶层的人；“安百姓”者，百姓为周延，为全部。“逸民”(18.8)者，民为社会身份角色，为社会人。它例为樊迟问仁，子曰：“爱人”(12.22)、“君子学道则爱人”(17.4)。

民，即百姓，可指社会人；民人(11.23)，即人民。

中国传统封建社会讲身份，仁学则承认身份，尊“礼”之文明规范，而更讲“礼之本”(3.4)。仁即人格、尊严与平等，突破了身份压制与界限，所以孔子认为“雍也可使南面”，仲弓可做“诸侯”，并与颜渊讨论新国家的礼仪制度(6.1，15.11)；孔子还认为“有教无类”(15.39)，“四海之内皆兄弟也”(12.5)，认为“爱人”只是爱某种身份的人，则不合仁学通义。

“爱人”书中三见，如“君子学道则爱人，小人学道则易使也”，语境只能含“小人”，否则何来“易使也”？

4.“泛爱”

“泛爱众”(1.6)、“仁者爱人”(12.22)为儒学核心理念。爱是仁学认定的人与人关系的纽带，所以儒学成为“仁学”，是爱的哲学。

仁即人格,又为人格三大要素核心。人格的核心即爱人。《说文解字》释曰:“仁,亲也,从人从二。”“二人”的关系是“亲”“爱”。那么“二人”是谁与谁呢? 并非特指,而是任何的“二人”,互爱即“泛爱”“博爱”。

儒学讲“五伦”,概括五种人际关系,为夫妇、父子、兄弟、朋友、君臣。从血缘分,五伦中有“天合”(父子、兄弟),“人合”(君臣、朋友),“天人合”(夫妇)。夫妇虽无血缘,而与子女有血缘而成为兼天人之合,且为五伦之始。

故仁学所讲的“爱”有差别。家庭三伦“以恩处”;“朋友、君臣”即社会、国家“以义处”。君臣间为义忠,“君不义则臣不忠”。社会人际关系都为朋友性质,“义”之内涵很多——人际交往、共同创业、师生同学等性质相同,而情况有别。若把关系提高,则由朋友而兄弟,沾上家庭血缘的边缘,“义处”提至“恩处”的水平,以示关系的牢固和态度的真挚。

爱“众”,众即大众。爱“人”,人即一切人。“众”是“人”的具体语境,“爱人”是原则。

5. “邦”“国”“家”“邦家”

《论语》中的国、邦都指诸侯国,家为卿大夫封地。“邦家”(17. 18)为联合词组,非偏正,后来演变成“国家”,则“家”的意义虚化,实为“国”。

“家”词义的演变,以汉为界,先秦的行政单位义渐消,而本义“居”的家庭义凸显。《论语》书中出现的“室家”(19. 23)一词为双音词。家庭影响国家政治,见于《论语·为政》引《书经》“孝乎……施于有政”(2. 21),当为“以孝治天下”所本。

邦、家都指行政单位,要求职务人格相同,所以并称。后语言发展,以双音节为主,所以“国家”也延用成一个词。现在若以为“国”“家”同构,国是大家,家是小国,则非。这只适于先秦以“家”为行政单位的时代,现代则完全不同。从人性文明上升线上可以看出,家庭为“天合”“天人合”,相处原则为“恩”;而社会和国家则为“人合”,相处原则为“义”,即

“宜”，追求互相选择、人格平等。“义”包括职务人格的“事君能致其身”(1.7)、“临大节而不可夺也”(8.6)，追求为职务、正义而献身。二者“忠孝不能两全”，性质也不能相混。“家长制”与现代政治不相容，现代家庭所谓的规矩，不仅不是法律，也不是古代家庭、家族的“家法”。

儒学以“天下”即人类为视角，视“四海之内皆兄弟也”(12.5)，是把“朋友”关系升至“兄弟”而“亲如一家”，但要求人格平等，“互以对方为重”(梁漱溟语)。这是“五伦”各种关系的要义所在。

6.“性”与“仁”

“性相近也”(17.2)之性，指人性。“仁”指人格，为人性上升至“礼”这一社会文明规范的个体自觉，而知、仁、勇全面发展。上升线“兴”侧偏指人性，“诗”侧偏指广义的人格，与“兴”侧为本人人格、“诗”侧为职务人格意思相通(见“内圣外王”)。

“诗”作为人性文明的起点，表明人的类的自觉，是人性告别野蛮、迈向文明的质的跃升。其标志为对同类的仁爱，如不杀俘虏，“男女有别”，“垂衣裳而天下治”等。“衣裳”产生于人性文明的觉醒，首为文明，而非御寒。再如文明进步后不再抢婚，而以规定物求娶。《诗经·野有死麕》篇以鹿定婚，“为礼而来是也”(郑玄笺)。王夫之认为《诗经·麟之趾》篇以鹿之趾、额、角为求婚礼物“有精义”，即指“礼”作为文明规范的发生及人性文明的觉醒。

人性上升而“立于礼”，“礼”之本为“人而不仁如礼何”(3.3)，为“仁”，为人格，为个体的自觉。以“仁”为核心的知、仁、勇全面发展，标志为个性与尊严，前提是人格平等。其意义在于唯此才有创造力，才能“立”于文明上升线，并推动人性上升。广义的人格指“兴”线以上初具个性“三达德”者，狭义为完全具备者，少数人可达到。大多数人在“兴”“立”之间。“礼”为社会文明规范，非一切社会规范。

上升线由个体始，个体的“仁”在类的自觉的“兴”之上，“成”为最高境界，更是最优异的个体。这明确地指示着人性文明上升对个体的依赖，亟须“第一个吃螃蟹的人”；没有个体的自觉带动，就没有群、类的发展、进步。《论语》中明确指出的“仁人”不过数例：“求仁而得仁”的伯夷、叔齐(7.14)，“殷有三仁”(14.16)的微子、比干、箕子，“如其仁”的管仲(18.1)，都是高标立世、彪炳千秋的人物。他们超越“立于礼”的层次，而达于“成于乐”之人性最高境界，永远散发着大爱之光，召唤人们觉醒、进步。

“君子”是有道德有修养有眼界的人，但并非都能达到“仁”，所以孔子说：“君子而不仁者有矣夫，未有小人而仁者。”(14.6)不仅如此，即使达到仁之后也易“去仁”。颜渊这样被称为“复圣”的人，也仅“三月不违仁”(6.7)。“知、仁、勇”全面发展、完整保持如此艰难，也愈见其宝贵。而做“君子”是建立人格之必要条件，书中百余次谈到“君子”，对“君子”的塑造给出许多具体条件，均是建立人格必须具备的。

要特别提请注意的是，孔子认为“柴也愚，参也鲁，师也辟，由也喭”(11.18)、“师也过，商也不及”(11.16)。孔子不仅严格要求学生，就是自己，也并非天才式“生而知之者”，而是“知之次也”的“学而知之”者，认为自己在悟性上和子贡一样，都“不及”颜渊(5.9)。这就指出人的心性缺陷有普遍性，也是“仁”离“兴于诗”遥远的原因之一。

“士不可以不弘毅，任重而道远”(8.7)，信乎！

7. 知(智)、仁、勇

确立“知、仁、勇”为“君子道者三”(14.28)，《中庸》称为“三达德”，为仁学即人格学之伟大贡献，三者为心理的认识过程、情感过程、意志过程最早的正向表述。近代心理学才发现的心理过程，而孔子通过成己、育人两种方式，开创了人类发展的新时代：个体自觉。

“仁”表之“兴”线是人类的自觉，上升到“立”线即“仁”，方能达到个体的自觉，其标志的个性、尊严和创造力，俱来自三者的全面建立。孔子不仅是提出个体“知、仁、勇”的仁学思想家，而且是按“知、仁、勇”教育学生的教育家。《论语》中可以看到师生们在三方面的表现，如“厄于陈蔡”

中的子路、子贡和颜渊(15.2,15.3),也可以看到孔子对学生进行个性教育即因材施教的苦心(5.8,11.22)。孔子的思想直接造就了个性鲜明、人格峥嵘的先秦“百家争鸣”时代,更是开启了汉唐宋明各代的人才辈出。

然而思想界、教育界并没有认识到个体“知、仁、勇”对人性文明的重要意义。“兴”线所示仅代表走出愚昧野蛮而开启文明的人,只有继续上升而获得“知、仁、勇”的全面发展,才能坚“立”于文明上升线,成为有个性、有尊严、有创造力、有成就的人。“立”线离“兴”线很远,大部分人在由“兴”向“立”努力之中,而位置愈高,成就愈高。这也是家庭、社会、国家成就的指示线——培养“知、仁、勇”健全的人越多,成就越高。

“知、仁、勇”三者并非等量齐观,而是以仁为核心的三者全面发展。知以知仁,勇以行仁,所以为“仁学”。仁、知有深层关联:“知者利仁”、“择不处仁焉得知”(4.2)、“好仁不好学其蔽也愚”(17.8),说明仁、知发展互相促进、制约。仁爱,“爱人”是首要的,所以定义“仁”。没有仁爱的“知”,只是害人的机巧;没有爱人之心的“勇”便成祸患,“勇而无礼则乱”(8.2)。而“仁者必有勇”(14.4),可见“仁”的核心作用。

三项不完整,则不能“为仁”(12.1):无仁爱之心不成,“知”不足以知仁不成。有仁爱之心,“知”足以知仁,但无勇,亦不成。这便从“仁”线退下来,成为“小人儒”(6.13)、“乡愿”(17.13)、“鄙夫”(17.15)、“色取仁而行违”(12.20)等二重人格或人格不全者。《论语》所举数例“仁人”,都是知、仁、勇健全,为正义、真理及人类永久利益而奉献大爱、大智、大勇的人,而且多为悲剧人物。他们是人类永久的典范。

孔子以“六艺”育人,即礼乐育仁,御射育勇,书数育智,是仁学又一贡献,从而开创完整的人格教育。自汉至明,儒者们对民族元意识基点的“天”从思想上做了不懈努力,进而形成思想传承体系。然而在教育上对“知、仁、勇”的仁学继承则太弱,仅在“经”的思想传承上着力。“后现代”的种种“异化”危机,呼唤“人”的教育与“仁”的教育。

8.“内圣、外王”：本人人格、职务人格

“仁”有本人人格、职务人格。孔子评“道”与“官”(管)曰“守道不如守官”,《庄子》则称“内圣”“外王”。

“内圣”,本人人格修养到“圣”,则道德圆满、智慧圆满。“外王”,泛指国家政务及社会角色,广义含家庭角色的品质要求,“王”即最优。

书中“仁”一百零九见,大多本人人格义,也有职务人格义。

“贪”是本人人格问题,在职务人格掩盖下进行,这就是二重人格。“道”,是“官”管理的基础前提,但“民可使由之,不可使知之”(8.9),有些国家政事情况不便如实让百姓“知之”,为言者不能遵守“信”“直”的本人人格,也是一种为职务而牺牲的“二重人格”。即使社会角色,也有“器”“不器”之别。在现实生活中,人各有专业,即各自有“器”,在职务人格中则要有“神器”之光,即最高人性,不得已也要“哀矜而勿喜”(19.19)。步步守住本人人格,则人性趋于文明。

本人人格与职务人格的差异是人性诸多“二重性”之一,其他如第一性、第二性,即生物性、生理性与社会性、精神性之别。如仁、智,理智“可信”而情感上“不可爱”(王国维),即情与理之别。如“直躬证父”(13.18),则是情与法、忠与孝的矛盾。而最根本的是“人异于禽兽者几希”的动物性制约的野蛮与人性文明之争。为维护这条上升线,国家、社会、家庭乃至个人都要付出全部力量,不让每个个体、家庭、群体失去关爱,在各上升环节给以推动,使每个人都成为有人格担当、有爱心的人。

9.“一以贯之”

孔子对曾参曰“吾道一以贯之”,对子贡则为“多学而识之”的认识方法。“道”与“方法”一致于“四教”之“行”。

《史记·孔子世家》载:孔子赴楚应“书社”之聘,“陈蔡大夫惧,发徒围于野,绝粮”,方有“子路愠见”“子贡色作”。孔子问他:“女以予为多学而识之者与?”告诉他“予一以贯之”,让他用自己的“行”印证“道”与“仁”原则。这个过程就是“正名”的“言之必可行也”(13.3)的定义方法。“言”为内部语言思维，而“行”则是此语境、情境下的仁学行为。看来子路、子贡都有所失，并未守住人格原则。

这次意外的危难，考验了三位学子的仁学水平，也揭示了仁学是行为、实践的人格品行指南。在任何情况下都能恪守、践行做人原则，是知、仁、勇人格三要素共同参与展现的结果，所以唯社会实践才能获得人格的成长。这个思维行为过程就是定义过程，贯之于人生之始终。

子贡为“容”于现实而降低修“道”要求的做法有代表性，值得深思。

10.“因、损、益”：社会发展规律

准确地说，“因损益”是国家政治制度的演变，并反映了历史社会的发展。

中国传统的阴阳为双鱼曲线，二元互根互生，不同于非此即彼的直线。这是中国传统的世界图式，是对天、大自然最概括的理解。其“中”“中道”“中庸”等不极端的思想即来源于此。《论语》两次提到“周易”，一是其卦辞，一是“学易”，间接地提示着这种“天人合一”关系。

这种思维模式《论语》时有运用，如“乐而不淫，哀而不伤”(3.20)，语法上属A非A+式；“恭而安”(7.37)、“文质彬彬”(6.18)，语法上属二生三式等，以强调“中”的适度。

“二元对立式”强调斗争，为分；而“多元式”和“阴阳式”则注重联系，为合。这种注重联系的模式用于历史便出现“因损益”三元关系，而不是简单的二元，如“因革”。

“因”是继承，朱熹认为“天做的”即大自然造就的，就要继承，例如“亲亲尊尊长长”“男女有别”等，包括人“则天”的文明成果。以上相当于“道、学、术”三层中“道”的内容。“损益”则是“人做的”，如“服饰”“徽号”“度量”，相当于“学术”层。区分“天人”之别是“因”的前提与难点，也最容易混淆。而以“人”的方式对待“天”、自然所“做”，所谓以“同时性”手段解决“历时性”问题，把“自然”发生的看成人为，则会误判而造成伤害。

孔子用四个朝代的礼制构建新朝代之制度，非常难能可贵，是“因损益”的具体体现。实际上，“继周”的秦朝，并未按此规律做，“逆取逆守”，十五年便亡国，原因就在“道”层。但秦代制度大多传下来，也正说明“道、学、术”的演变关系和“天做的”是必然相“因”的。社会“发展”是社会“进化”的延续，遵循规律基本一致。

11. 意境、境界：文化艺术的精神追求

艺术对现实的超越力即精神上升力“兴”，是人的“践形”超越力最强的一种。居室超过穴巢，而艺术达于精神境界。艺术的意境，文化、生活品位的追求，是民族元意识此岸性世界观要求的精神补偿，也体现了民族精神的崇高性。

在上升线上，“艺”“文”都在“诗”侧，普遍之“食”则更低，但在“立”“成”的引领和“兴”的推动下，会发生上升力而超越“立”而达于精神境界。儒学深知人性中有嗜欲与“禽兽几希”的欲念，故希望在生活、文化、艺术等环节将此“欲”化为人性上升之“欲”。

从茶艺、茶道诞生之日起，即从最初的“饮料”性质上升至精神境界。普通之饮茶，《红楼梦》中妙玉的饮茶和功夫茶论，可作为三者之例。插花本属生活情趣，而发展成高雅的艺术，以《浮生六记》沈复眼界为最。

以昆曲《牡丹亭》为例，写情，写死而复生之情，“游园惊梦”篇非常感人，但并无缠绵悱恻之感情，而在含泪洗心中有彻悟人生之感。这就是哲理境界。

人的气质变化、品位提升，是在人类创造的文化艺术的熏陶感染教化中得以实现的，这种精神成为可贵的力量而上升；此外，还有“乐山乐水”的“践形”形式而超越、上升。自然的山水，在中国人眼里是有生命的，可以对话倾诉的，从谢灵运、李白到孔孚、路也，都有生动的描绘。这就是人类最高的精神境界，是“孔颜乐处”，被称为“天地境界”（冯友兰语）。

“兴于诗”者，诗在艺术中的上升力仅次于音乐，但又有丰富的文学性、社会性乃至自然界的内容，其超越力、上升力坚实且比音乐丰富。且其上升力也有音乐成分，至少有语言节奏和韵律，加之吟诵有简单的旋律，诗因而更具有音乐因素。在诗的上升力构成上有观察力、沟通力和批判力之分，而以批判力为首要。所谓超越，是对原状的陈旧性、惰性、因循性的否定，是对人性上升和人格发展阻碍的否定，是对人格平等障碍的否定。这是“天道”“仁道”核心层的永恒昭示与推动的上升力量。观察力、沟通力为批判力的保证、前提，没有敏锐的观察力则难发现问题，没有“群”的沟通力则得不到共鸣。

人的精神上升之力，是知、仁、勇心理过程共同作用、“践形”的形式。这是“践形”的内化和升华的复杂形式，是人性上升发展的宝贵动力。为什么说“唯圣人然后可以践形”，这是文明上升对优异个体的依赖。“圣人”是第一个站起来直立行走的人，第一个“吃螃蟹的人”，第一个造出文字的人，第一个唱出求爱诗的人，第一个创造者、领先者。历史永远呼唤着他们。

12. 文明与文化

“仁”表之人性上升线“兴”侧指文明性质，“诗”侧指文化形态，由“兴于诗、立于礼、成于乐”所形成，意在强调人的精神文明价值。

兴，升也，指示文明的性质和高度。凡下降即不文明，而降多少则指示其高度。个体和群体品行低下而至“兴”以下者不少，多数则未能超过，往往升升降降博弈着。从“兴”至“立”的距离很远，个体人之间差距很大，群体类之，总体也比较低。

文明的性质是内在的，要由外在的文化形态显示。最直接指示文明性质的是“礼”。“礼”的形态是礼仪、仪规。生活中许多违反公德和侵犯私人权益的行为，因无明文规定，完全靠本人道德修养自觉遵循维护。这是因“礼之本”在“仁”，故拉长了与“兴”的距离。仁是人性文明达到自觉遵守外在“礼”的程度，而内在的知、仁、勇则全面、均衡地发展。有少数人可达到，群体则较难。

文化形态包含人的全部生活、生产方式，故可从生产方式看文明，如游牧文明、农业文明、工业文明、信息文明等，特指社会生产主要方式的性质。而如考古发掘出的龙山文化、半坡文化，只是形态。任何具体职业如儒、士、巫、医、工、农等都是文化形态，在“兴”侧的位置，也指示文明性质，“君子儒”等即如此。

那么这条上升线就可以判断、定义任何人类行为的文明性质及高度。文明自身的定义为发生学依据：由人心智的觉醒、开启，而发生类的自觉，而仁爱同类，告别野蛮，达致文明，即在“兴”线以上。凡失去爱人之心和不理智的行为即不文明。残害生灵，危害生命，破坏人类创造的文化，即野蛮，在“兴”线以下。

“兴”为类的自觉，当是“礼”的发生。为什么上升线“立于礼”在上而“兴于诗”在下？因为“诗”为文化形态，属于广义的“礼”，亦广义的“仁”。也就是说，在“诗”文化的涵养下“兴”上升，已经步于“立于礼”的领域，已经践行初步的“礼”，但不及“规范”，所以以“兴”定义文明，而把“礼”释为文明规范。

“仁”表所示上升线上，国家处于个体、家庭、社会之上，居最高位置，显示对文明的培育守护责任最大，其根本职责就是通过系列的内政而达到“胜残去杀”的境地。所有人都要在自己的位置上为维护人性文明尽责。

六、《论语》三问

作为课堂对话录，《论语》一百二十余次出现“问”，可见孔子对提问的倡导与重视。现提出三例讨论，即孔子“每事问”的知识之问、宰我“天下通丧”的“天下通则”之问和子路“敢问死”的终极之问。儒学重智、重学。《大学》把“格物”研究、探求物理作为“致知”“诚意”“正心”而确立世界观的基础。提问、探究真知，是认识客观世界的门径。孔子认为，“礼”是文明规范应有之义，“仁”是执行“礼”的主体，而“知”是人格三大要素之一，与核心“仁”有深层关联，如“知者利仁”（4.2）。现代研究认为,人的智力发展推动自身和社会进化发展,而提问是促使智力发展的动力;不断加深认识、探究而提出新问题,使智识不断提高,可以推动文明与社会进步。

“每事问”是学生的功课,也是“为师”的条件。孔子“百科全书”式的学问和“轴心思想家”的高度,其根基就在“每事问”。

《论语》中的“行”背后往往是“问”,如“众好之,必察焉”(15.28)、“吾日三省吾身”(1.4)、“内自讼”(5.27)等。“每事问”涵盖“天下通则”之问和终极之问。

宰我质疑“天下通丧”,是善思善问的典范。我们要注意“通则”沿用的时间、范围以及孔子已被称为人民导师后的提问对象。前者需要敏锐的洞察力,在“习以为常”的无疑之处发现问题,质疑长期被全体国人遵循的制度;后者则是权威,可谓有胆有识。所用的方法就是“礼”之文明规范被破坏后,给出修正意见,可谓深思熟虑。

宰我之问成为思想史上的一道闪电,既利于生产力的发展,也维护了文明规范,并没有断绝与先人之情,对未来有重要启示作用。

宰我因善问而名列“十哲”言语科之首,位列“四大弟子”子贡之前。历史呼唤这种怀疑精神,从而推动思想、文化、社会的进步、发展。

子路问“死”,问到终极。

孔子有个很重要的教学特点,是反对巧言善辩,提倡学而思,所以对学生的提问,多给以鼓励,不发言还引起担忧,如颜回。但像“死”这种重大问题,孔子当面并不回答,包括子贡未闻之“性与天道”,而是在他的论述中给出答案。“唯天为大”(8.19)、“天何言哉,四时行焉,百物生焉”(17.19)等所言之“天”就是终极。人有生则有死,从哪里来就回哪里去,这就是“天”,这就是大自然。

知识之问而成大师,“天下通则”之问而成贤哲,终极之问则是赤子。人生就是借此三“问”,精神攀登得以上升,至“立于礼”,至“成于乐”。

附：

天表、仁表、学表

一、三表为《论语》思想体系示意表，仅为纲领提示，不能涵盖全部；分类、编排不尽如人意，所举亦不一定为最重要之例。

二、天表为总表，主线为“天、仁、学”三个纲领性理念，表明“天”的终极性、决定性，为元意识元点、基点；“仁”即人格、仁爱，为“天”的昭示，为“则天”的内容；“学”为实现“仁”的途径。

天表包括五条线：“天、仁、学”线，“兴于诗”线，“志于学”线，外有“游于艺”线（“兴于诗”之辅线）以及“因损益”历史发展线。以“齐一变”章为例，几条线其实都在“天、仁、学”一条线之中，按其侧重分列出以便具体化。上横线为“天道”“道”，中横线为“仁”，下横线为“学”，在“仁”表为学“诗”，在“学表”为“志”学。

天表侧列“道、学、术”，并指出对终极“天”范畴的理论继承和演变。此表为笔者所附，本书的人格学解读是回归孔子原典，既是历史的回归，也是现实的呼唤。有关阐释见于本书“引言”，仅供参考。

三、仁表为三表的重心，正如天表所示，“仁”是“天”的昭示，是“学”以达致的目标，居中心位置，故称儒学为仁学。

“兴于诗，立于礼，成于乐”线为人性文明上升线，“兴”为类的自觉，为人性文明的开始，不及则非人，则无人性。“立”为个体的自觉，不及则无尊严与个性,则无创造力。人性再上升,至于“成人”“君子”“仁人”而近于“道”,为人生最高境界。

从上升的起点“兴”到“成”,都指示个体性,指明文明上升对个体的依赖。对个体负责是每个个体、家庭、社会、国家的神圣职责,每个个体都要为人性文明而提升自我。上升线在每个点、每个位置都有下降可能,而下降即不文明,即反文明。

上升线两侧可指示多层关系。“兴”侧为文明性质,“诗”侧为文化形态,可据文化形态以判定文明之性质与高度。

“礼之本”为“仁”,“兴”侧为本人人格,“诗”侧为职务人格,正常情况应一致,特殊情况不一致。本人人格为职务人格基础。所谓仁,即以“爱人”为核心的知、仁、勇健全发展。

四、“学表”以“志于学”“志于仁”“志于道”为中心线,以“每事问”、“天下通则”之问、终极之问为辅线,以孔子为榜样、为参照,按照正确方法学习人格学内容,知、仁、勇健全发展而上升至“仁”、至“道”。

“方法”中有反面情况,仅举例提示其后果之严重。

“学表”作为“仁表”的实施途径,许多内容不再列出,如人格修养的内容以及所达到的境界,需要参照“仁表”理解。

孔子的求学过程和教育原则方法,表中亦简举几例。

五、可以说,人性上升线是中华文明密码,是人类幸福指南,能够指示文化形态,能够判定文明正负。

再次提示,请研读原著,“三表”远不能作为原著之提要。上升线能说明一些问题,指明一些关系,乃至判定某些事物性质,但仅是“示意”,并不严密,不可拘泥。

天表（总表）

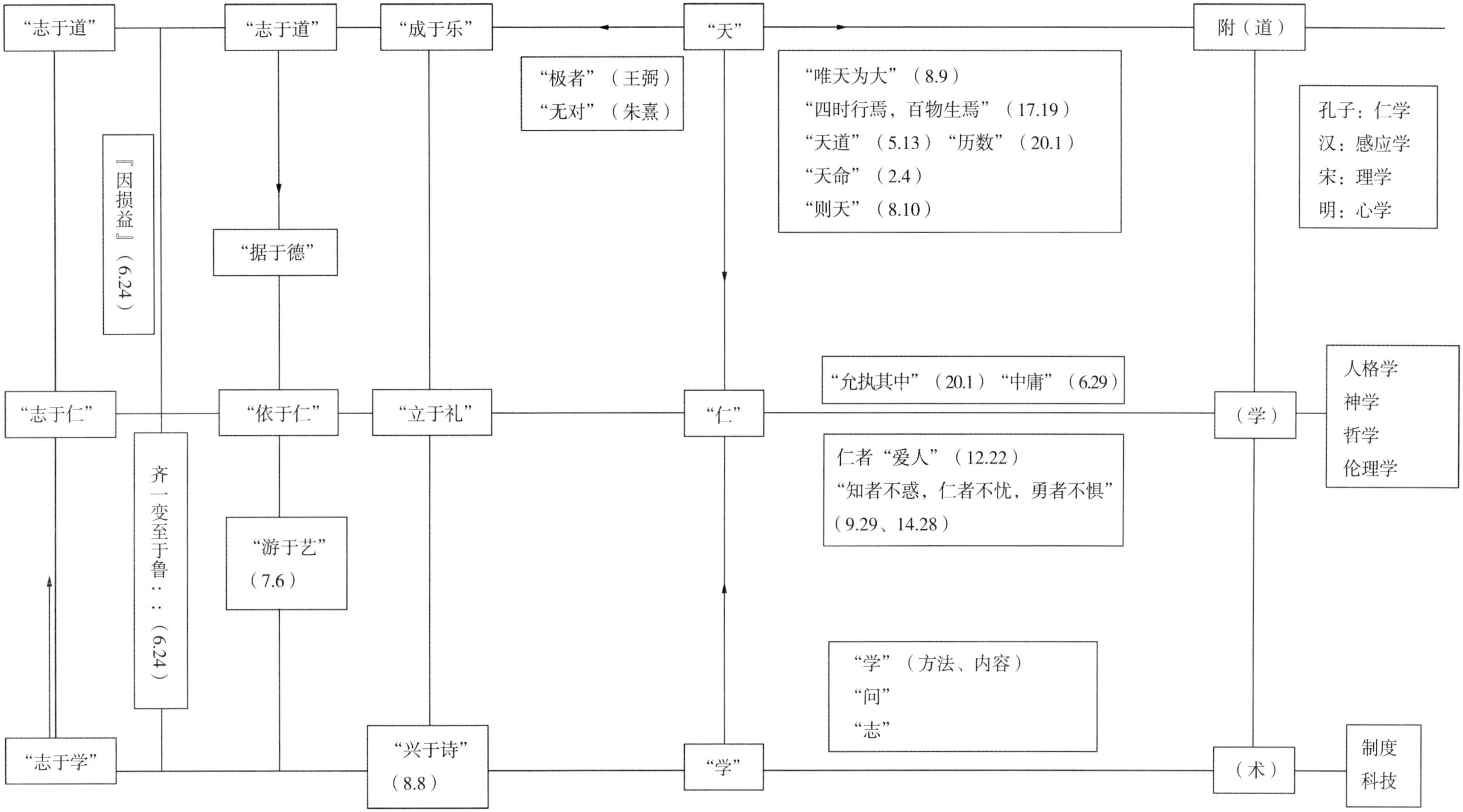
“志于道”
“志于道”
“成于乐”
“天”
附（道）
“极者”（王弼）
“无对”（朱熹）
“唯天为大”（8.9）
“四时行焉，百物生焉”（17.19）
“天道”（5.13）“历数”（20.1）
“天命”（2.4）
“则天”（8.10）
孔子：仁学
汉：感应学
宋：理学
明：心学
『因损益』（6.24）
“据于德”
“允执其中”（20.1）“中庸”（6.29）
人格学
神学
哲学
伦理学
“志于仁”
“依于仁”
“立于礼”
“仁”
（学）
仁者“爱人”（12.22）
“知者不惑，仁者不忧，勇者不惧”
（9.29、14.28）
齐一变至于鲁……（6.24）
“游于艺”
（7.6）
“学”（方法、内容）
“问”
“志”
“志于学”
“兴于诗”
（8.8）
“学”
（术）
制度
科技

仁表

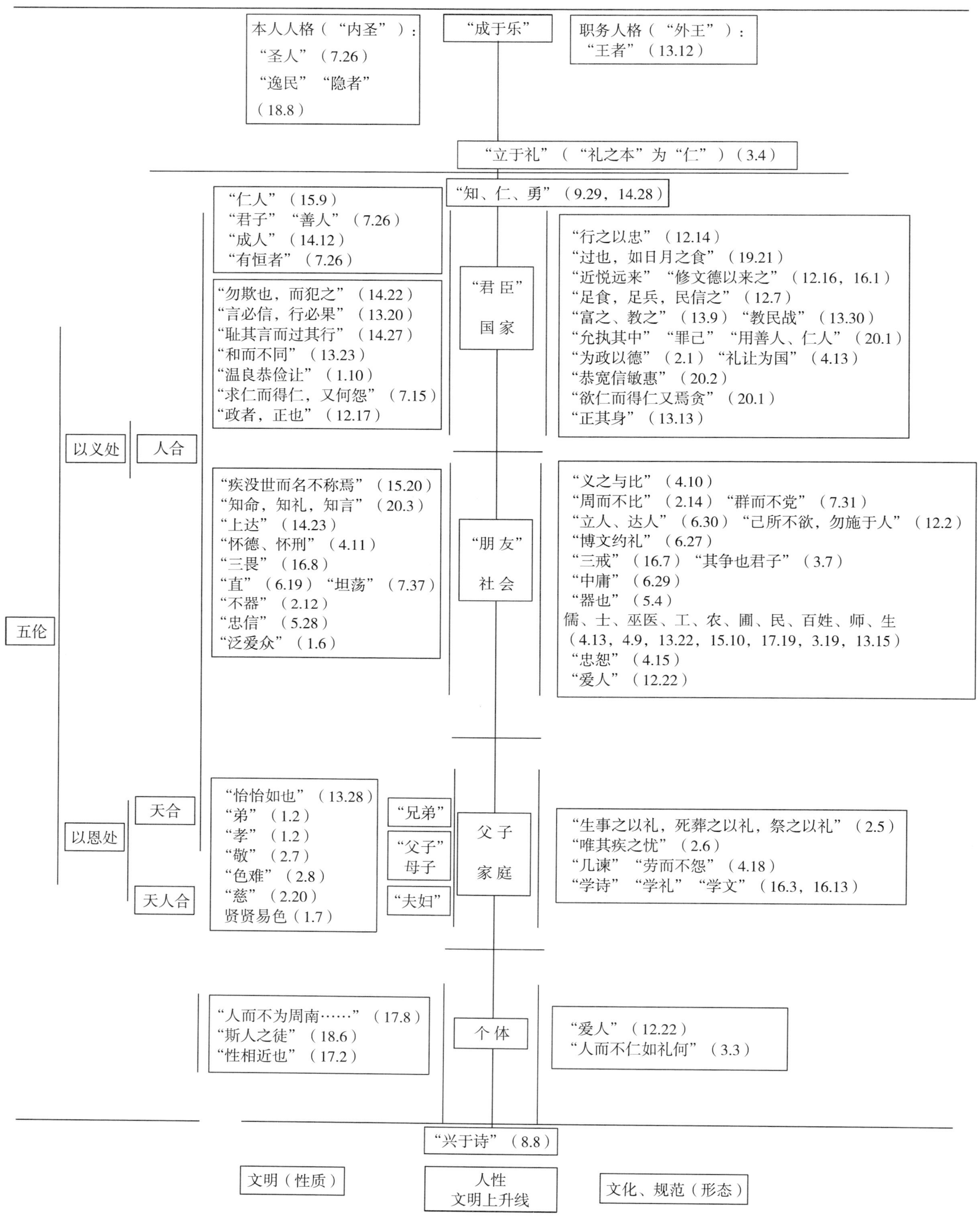

本人人格（“内圣”）：
“圣人”（7.26）
“逸民”“隐者”（18.8）
“成于乐”
职务人格（“外王”）：
“王者”（13.12）
“立于礼”（“礼之本”为“仁”）（3.4）
“知、仁、勇”（9.29，14.28）
“仁人”（15.9）
“君子”“善人”（7.26）
“成人”（14.12）
“有恒者”（7.26）
“勿欺也，而犯之”（14.22）
“言必信，行必果”（13.20）
“耻其言而过其行”（14.27）
“和而不同”（13.23）
“温良恭俭让”（1.10）
“求仁而得仁，又何怨”（7.15）
“政者，正也”（12.17）
“君臣”
国家
“行之以忠”（12.14）
“过也，如日月之食”（19.21）
“近悦远来”“修文德以来之”（12.16，16.1）
“足食，足兵，民信之”（12.7）
“富之、教之”（13.9）“教民战”（13.30）
“允执其中”“罪己”“用善人、仁人”（20.1）
“为政以德”（2.1）“礼让为国”（4.13）
“恭宽信敏惠”（20.2）
“欲仁而得仁又焉贪”（20.1）
“正其身”（13.13）
五伦
以义处
人合
“疾没世而名不称焉”（15.20）
“知命，知礼，知言”（20.3）
“上达”（14.23）
“怀德、怀刑”（4.11）
“三畏”（16.8）
“直”（6.19）“坦荡”（7.37）
“不器”（2.12）
“忠信”（5.28）
“泛爱众”（1.6）
“朋友”
社会
“义之与比”（4.10）
“周而不比”（2.14）“群而不党”（7.31）
“立人、达人”（6.30）“己所不欲，勿施于人”（12.2）
“博文约礼”（6.27）
“三戒”（16.7）“其争也君子”（3.7）
“中庸”（6.29）
“器也”（5.4）
儒、士、巫医、工、农、圃、民、百姓、师、生
（4.13，4.9，13.22，15.10，17.19，3.19，13.15）
“忠恕”（4.15）
“爱人”（12.22）
以恩处
天合
天人合
“怡怡如也”（13.28）
“弟”（1.2）
“孝”（1.2）
“敬”（2.7）
“色难”（2.8）
“慈”（2.20）
贤贤易色（1.7）
“兄弟”
“父子”
母子
“夫妇”
父子
家庭
“生事之以礼，死葬之以礼，祭之以礼”（2.5）
“唯其疾之忧”（2.6）
“几谏”“劳而不怨”（4.18）
“学诗”“学礼”“学文”（16.3，16.13）
“人而不为周南……”（17.8）
“斯人之徒”（18.6）
“性相近也”（17.2）
个体
“爱人”（12.22）
“人而不仁如礼何”（3.3）
“兴于诗”（8.8）
文明（性质）
人性
文明上升线
文化、规范（形态）

学表

“问”

- “终极”之问（11.12）
- “天下”通则之问（17.21）
- “问政”（20.2）
- “问耻”（11.23）
- “问士”（13.20）
- “问人”（14.9）
- “问友”（12.23）
- “问行”（11.22）
- “问十世”（2.23）
- “问书”（14.40）
- “问诗”（3.8）
- “问知”（12.22）
- “问为仁”（15.10）
- “问仁”（12.22）
- “每事问”（3.15）

方法

“博学而笃志，切问而近思，仁在其中矣。”（19.6）
“一以贯之”（4.15）
“读书”（11.23）
“不耻下问”（5.15）
“过则勿惮改”（1.8）
“内自省”（4.17）
“内自讼”（5.27）
“笃信好学，守死善道”（8.13）
“为己”（14.24）
“无常师”（19.22）
“三人行必有我师”（7.22）
“默而识之，学而不厌”（7.2）
“温故而知新”（2.11）
“学而时习之，不亦说乎”（1.1）
“学而思”（2.15）
“好学”（1.14）
“好之乐之”（6.20）
“好仁不好学则愚”（17.8）

“志于学”（2.4）

“志于道”（7.6）
“志于仁”（4.4）
“知、仁、勇”（9.29，14.28）

内容

- “五十学易”（7.17）
- “乐水乐山”（6.23）
- “成人……之知……之不欲……之勇……之艺……文之以礼乐”（14.12）
- 『文行忠信』（四教）
  - “文学”
    - “诗、书、易、礼、乐、春秋”（1.15，14.40，13.22）
    - 文、献（3.9）
  - “言语”
    - “正名”（13.3）
    - “辞达”（15.41）
    - “雅言”（7.18）
  - 六“艺”：礼、乐、御、射、书、数（7.6，9.2，9.7，13.22，3.7，7.30，17.3）
  - “政事”（11.3）（参看仁表）
  - “德行”（11.3）（参看仁表）
  - 行为
    - 日常：“昼寝”（5.10），“方人”（14.29）“食不语”（10.10）
    - 课后：“足以发”（2.9）“由之瑟”（11.15）
    - 行事：“子华使齐”（6.4）“请子之车”（11.8）“何必读书”（11.25）
    - 危难：“子畏于匡”（11.23）“在陈绝粮”（15.2）
  - 中以尽心
  - “有（守）诸己”（孟子）

孔子

- “上达”（14.23）
- “七十而从心所欲不逾矩”（2.4）
- “六十而耳顺”（2.4）
- “五十而知天命”（2.4）
- “循循善诱”（9.11）
  “因材施教”（11.22）
  “诲人不倦”（7.2）
  “有教无类”（15.39）
- “读书”（11.25）
  “学而思”（2.15）
  谈话法：讲述、提问、答疑、讨论
  启发式（7.8）
  视觉化方法（15.6）
  “省其思”（2.9）
  游学（10.27,15.2）
- “四十而不惑”（2.4）
- “尝终日不食，终夜不寝，以思，无益，不如学也”（15.31）
- “三十而立”（2.4）
- “下学”（14.35）
  “十室之邑……不如丘之好学也”（5.28）
  “十有五而志于学”（2.4）